大展好書　好書大展
品嘗好書　冠群可期

大展好書　好書大展
品嘗好書　冠群可期

散亂曲中求直。蓄而後發。方能隨手
此謂借力打人。四兩撥千斤也。

武學古籍新注①

王宗岳太極拳論

李亦畬◎著
二水居士◎校注

大展出版社有限公司

國家圖書館出版品預行編目資料

王宗岳太極拳論 ／ 李亦畬 著 二水居士 校注
——初版，——臺北市，大展，2017〔民106.10〕
面；21公分 ——（武學古籍新注；1）
ISBN 978-986-346-181-4（平裝）
1. 太極拳
528.972 106013916

王宗岳太極拳論

著 者／李亦畬
校注者／二水居士
責任編輯／王躍平
發行人／蔡森明
出版者／大展出版社有限公司
社 址／台北市北投區（石牌）致遠一路2段12巷1號
電 話／（02）28236031・28236033・28233123
傳 眞／（02）28272069
郵政劃撥／01669551
網 址／www.dah-jaan.com.tw
E-mail／service@dah-jaan.com.tw
登記證／局版臺業字第2171號
承印者／傳興印刷有限公司
裝 訂／眾友企業公司
排版者／弘益電腦排版有限公司
授權者／北京科學技術出版社
初版1刷／2017年（民106）10月

定價／280元

出版人語

武術作為中華民族文化的重要載體，集合了傳統文化中哲學、天文、地理、兵法、中醫、經絡、心理等學科精髓，它對人與自然和諧共生關係的獨到闡釋，它的技擊方法和養生理念，在中華浩如煙海的文化典籍中獨放異彩。

由於受以往「萬般皆下品，惟有讀書高」思想的影響，雖然武術源遠流長，但歷來卻為學術界的主流思想所輕視，縱觀從漢至清的「正史」，武學始終沒能「以武立身」進入其中並佔有一席之地。

在歷代官方文獻中，有關武術技藝和拳理的記載極少，即使是民間資料，清代以前也十分罕見，存留至今的大多是清代的手寫本或抄本，且由於保密或自珍心理的影響，許多武術文獻都屬「秘傳」，以致一般人甚至聞所未聞，更不用說深入研究了；亦有許多武學資料，散落湮沒在各類他種文獻中讓人難識真面。這在中國歷代文化的傳承史上，是一種比較特殊的現象。

有著幾千年傳承積澱的中華武術，能生存並發展到今天，是因其具有很深的中華傳統優秀文化的根脈。傳統武學尊崇的生存理念、修習的武術技能，一方面，從不同的角度和側面反映出中華民族的社會、歷史、政治、經濟、文化、宗教、風俗與心理等；另一方面，它融健身、搏擊、觀賞為一體，是人類文明流動的傳奇。因此，將武術作為文化形態來研究，一方面可使人們對武術自身重新認識，同時更重要的，是為我們從更高層面認識和理解中華傳統文化的精義，提示了若干全新的視角。

然而，我們注意到，那些歷經坎坷倖存到今日的武學資料，有許多被束之高閣難得一見，或正面臨著破損、佚失的窘境，對這些寶貴資料的發掘、研究、整理和保護已迫在眉睫；我們還注意到，至今出版界還沒有一個機構專門從事或介入此項工作。

據不完全統計，新中國成立以來的六十多年間，全國共整理出版古籍近兩萬種，基本沒有武術這個學科的分類，這個現狀應該有所改變。

隨著學術界對中華武學的日益重視，北京科學技術出版社順應國內外研究者對武學典籍的迫切需求，決策組建了「人文·武術圖書事業部」，旨在推進武術古籍的保護、整理和出版。

依據國家古籍整理出版的有關精神和規定，經過精心挑選並廣泛徵求專家的意見，決定將幾種早已進入武學研究者視野的古籍版本，透過原件影印、點校、注釋等方法加以整理，彙編為「武學古籍新注叢書」，陸續推薦給讀者。本套叢書力求做到傳統與現代並存，內容與形式統一，與以往的武術類出版物有較大的不同。

入選本叢書第一輯的武學典籍初步定為：李亦畬手抄《王宗岳太極拳論》、宋書銘《太極功源流支派論》、《太極法說》（班侯贈全佑本）。此外，《手戰之道》（收入明・沈一貫《搏者張松溪傳》、清・黃宗羲《王征南墓誌銘》、清・黃百家《王征南先生傳》、明・程宗猷《耕餘剩技》、明・俞大猷《劍經輯集》）、《拳經輯集》（收入明・戚繼光《紀效新書》、明・茅元儀輯《武備志》）、明・吳殳《手臂錄》等典籍亦將分輯陸續出版。

以上這幾種古籍，均成書於明、清時期。這個時期，是中國古代武術空前繁榮並且走向成熟的重要時期，主要表現為中國古代武術體系及其總範圍的基本形成與確立、武術流派的形成、武術套路的出現、武術理論的全面發展，等等。因此，這一時期的中國武術，就自然而然地具有了承上啟下的歷史使命：一方面，它是上古武術一脈流傳的集大成者；另一方面，它又是未來武術不容推諉的啟蒙者。

而這一時期優秀的武學著作，也就帶有了這一明顯的時代特徵，深入研究這幾部武學著作，對認識中國傳統武學理論體系有著重要意義，對傳統武術未來的發展走向，亦有一定的規範與指導作用。

本套叢書邀請了國內外著名專家進行點校、注釋和導讀，梳理過程中充分尊重大師原作，由知名專家以規範的要求對原文進行梳理，力求經得起廣大讀者的推敲和時間的考驗，讓讀者放心地學習與珍藏。

希望本套叢書的出版，能夠在武學研究領域起到一定的引領、推動作用，這也是我們北京科學技術出版社人文・武術圖書事業部全體同仁的衷心希望。

目錄

太極拳的文化自覺（代序）

凡是牽涉民族核心價值觀的文化現象，總會吸引這個民族的文化精英，一代接一代地探討下去。太極拳文化，從清中葉顯世以來，就一直吸引著文化巨匠們進行著跟蹤研究，留下了諸多光輝燦爛的研究成果。它們是近兩個世紀以來，一些最美好的心靈創造出來的，是我們這些當代人寶貴的精神食糧。作為中華民族的成員，我們手捧這些成果，接受這些遺產，感恩先輩傳承的文化財富，感到非常自豪。

一種嚴肅的、博大的文化現象，在其漫長的歷史過程中，都會經歷由「自在文化走向自覺文化，再走向文化自覺」這樣一個螺旋式的飛躍。當然，這個過程必須要經過一個相當長的理論時期。就像登山的路，如果截其一段，就很難斷定是向上還是向下。只有在一段較長的路徑視野範圍內，我們才能認清它的發展方向。而有了這個方向，今後的路徑就更加明朗、自覺、主動。

毛澤東在《實踐論》中講了一個非常好的哲學命題：感覺到了的東西，我們不能馬上理解它；只有理解了的東西，才能更深刻地感覺它。二水居士花大力氣對太極拳老拳譜的梳理和校釋，就是太極拳的文化自覺。

王宗岳的《太極拳論》，目前所知，是太極拳最早期的理論著作。就其價值而言，實際上已達到「經」的高度。人們理解、消化這一經典，需要相當長的歷史過程。早期，永年武氏三兄弟及其族人，圍繞《太極拳論》所做的著述，可以說是太極拳文化的「自在階段」。

《太極功源流支派論》，繁複雜蕪，多彩紛呈。太極拳文化一旦傳播到更大範圍內，人們便開始爭相把這一文化現象與道家文化相聯繫，與武術各流派相滲透，與民間仙道傳奇相撞擊，從語源學、民俗學、文字學等角度進行形而上、形而下的考證和對比，等於放在華夏文明的大釜裡，放上各種佐料，進行了一次次煎煮晾曬。儘管顏色多元，味道多種，雜蕪不純，但對這一文化成果的烹製，正是太極文化由自在走向自覺的過程。

以楊家老譜《三十二目》為標誌，太極拳文化進入了文化自覺的成熟期。《三十二目》從諸多方面，回答了有關中華民族核心價值觀的一系列重大問題。二水居士將其梳理為「關於核心價值觀——性命之學」「關於人格結構——精氣神」「關於能量的樞紐——命門三焦」「能量轉化的法則——陰陽顛倒」「流行之氣——身形法則」「對待之妙——知覺運動」這六個方面。

二水居士的這個歸納，是浩瀚的太極拳文獻之精華所在，值得反覆品味、消化。有了這六大經典問題的提示，我們才會知道，太極拳從一個農村家族的文化記憶，經過京城皇家文化的浸潤後，產生了怎樣質的飛躍；我們才能瞭解到，太極拳是在什麼樣的理論體系指導下，形成了今天這般氣魄大、形象美的整體風貌；我們才能深刻理解，太極拳受到世界各國人們歡迎的內在原因。

二〇一四年十月，武當山首屆楊式太極拳高峰論壇上，二水居士關於《三十二目》論文的宣講，引起與會代表的強烈反響和一致好評。二水居士的這一研究成果，是當代太極拳文化「自覺」的表現。

除了理論體系的探討之外，作者把太極拳文化的命運和民族的命運放到一起進行考察，揭示了二者息息相關的聯繫。

陳氏拳技被楊露禪從農村帶到京城，正是鴉片戰爭之時，《太極拳論》的發現，也是太平天國的戰火蔓延之時。《三十二目》成稿的一八六八—一八九二年間，中國內憂外患加劇，精神層面的「西學東漸」，帶來整個社會層面的文化侵襲。面對岌岌可危的局面，抱著復興儒學價值觀及禮制綱常偉大理想的人們，把「太極拳」這一武術形式，當做聖人之學，當做承載聖人之道的道器，當做承載華夏文明的火種盒，傳承發展了起來。

近三十年來，在經歷大國復興的同時，我們整個社會的價值體系，也遭到了西方社會思潮前所未有的重創。在民族復興的大旗下，重塑我們中華民族的價值體系，回歸傳統文化，顯得十分急迫和重要。在這一背景下，太極拳作為中華民族核心價值的載體，得到了空前的繁榮。

現代文明的生活方式，是一把雙刃劍，恩惠著人類，也傷害著人類。隨著經濟的繁榮，環境惡化，道德淪喪，無序競爭，人類面臨空前的危險和災難。這時，主張天人合一、以柔克剛、後發先至、相生不害、化對抗為和諧的太極拳，給人類帶來了評判是非、善惡、美醜的新標準，成為人們能感知到的意識形態中充滿正能量的價值觀。這正是當前人類所急需的。所以當今的太極拳，作為中華文明的一張名片，受到世界各民族久別重逢般的歡迎，這真是華夏文明的榮耀和驕傲。

二水居士在導讀中寫到，他「嚴格遵循朱子『讀書，須將心貼在書冊上，逐句逐字，各有著落』之訓，幾個月來，收拾心情，天天與書為伴，枕書而眠，心境專靜純一，然後將自己一顆向學之心，貼在老拳譜的每一字、每一詞、每一句中，跟先賢先聖做心與心的交流」，所以，校釋過程，其實是一次奇妙的學習過程。

整整三個多月裡，聆聽他們掏心掏肺的述說，彷彿徹頭徹尾接受了一次傳統文化的洗禮，簡直就是菩提灌頂。二水居士的研究方法、治學態度和奉獻精神，很值得贊許。他無私地為我們提供了一頓豐盛的文化大餐，我從心裡感激這位年輕的學者。

中國永年國際太極拳聯誼會創會秘書長
中華太極文化國際總部學術指導　翟金錄

導　讀

一、概　說

一百八十年前，永年人楊露禪（編者：「楊露禪」「楊祿禪」「楊福魁」三種叫法都曾存在，為同一人。現常用「楊露禪」），奔走於冀豫間，寒暑數易，間或一返，只為從陳家溝學得一套叫綿拳或叫炮捶的陳家拳。一八四〇年間，楊露禪返回老家，開始在永年城關傳授此拳，當地的士紳子弟紛紛向他拜師學藝。

其中永年望族武氏昆仲三人，特別喜好這門拳藝，於是三人都師從楊露禪學拳。

武家老二，叫武汝清，文才最好，一八四〇年就考上了進士，去刑部做了京官，因為參與審理了當時朝廷的一件打大老虎案，協助清軍將帥薩迎阿，鞫訊時任陝西總督琦善「剿青海番匪」案，以剛正清廉名滿京城，《清史稿》記此事，武汝清晚年被賞了二品的官銜。他在京城期間，念念不忘此拳，後來乾脆將師父楊露禪帶到了京城，留在身邊教拳。

武家老大叫武澄清，他比老二大了四歲，卻晚了整整十二年，於一八五二年才考上進士，初入仕途已經五十二周歲了，最後去舞陽做了縣令。一個偶然的機會，他在舞陽的鹽店裡發現了山右王宗岳的《太極拳論》。

山右，蓋指太行山以西，今山西境內。除此，王宗岳是誰，什麼年代人，生活境況如何，跟誰學了太極拳，他是不是有傳人等，所有資訊都不詳。所以至今，「王宗岳」依然是個謎。武澄清得到王宗岳太極拳論後，興奮異常，他跟兩位弟弟講，王宗岳的拳論，與楊露禪教的拳是一個道理，只要好好研讀拳論，寶貝全在裡面了。

老三武河清，沉溺於此拳，或許是無暇他顧吧，在功名上，他也一直考，最後依然只是一個秀才，於是乎，益發壹志於太極拳的研究。他便是日後被武式、郝式、孫式等太極拳界尊為開派立宗一代宗師的武禹襄。

歷史的奇妙之處就在於，武氏昆仲三人，與楊家的楊露禪之間一旦有了關聯性，便開始生發出奇妙的事情。陳家拳就像是從陳家溝販運來的一顆「馬鈴薯」，在王宗岳《太極拳論》這本奇妙的「菜譜」指導下，經過楊露禪與武氏昆仲合作烹製，被烘烤成了料多豐富的jacket potato了。從此，原本只是侷限於鄉野村落逞一拳一腳之能的陳家拳，開始登臨大雅之堂；從此，這套拳，被冠名為「太極拳」，以太極拳名義「借殼上市」了。

其實，陳家溝的這顆「馬鈴薯」，在我們現在看來，還不算是陳家溝土生土長的，而是由一個叫「蔣把式」的人，將種子販運到了陳家溝。我們繼續研究，發現生長在陳家溝的這顆「馬鈴薯」，其實還經過了品種改良，而改良之人，名叫戚繼光。當年戚繼光在浙東沿海抗倭時，為訓練士兵，在「身法活便，手法便利，腳法輕固，進退得宜」「呂紅八下雖剛，未及綿張短打」「如常山蛇陣法：擊首則尾應，擊尾則首應，擊其身而首尾相應」等原則指導下，綜合了當時所見的數十種武術形式，「擇其拳之善者三十二勢，勢勢相承，遇敵制勝，變化無窮，微妙莫測」，編選了這套拳經。就是這樣一套經過戚繼光選編的「軍體操」，成了太極拳真正的前身。

後來，這顆馬鈴薯被楊露禪以「太極拳」之名，販運到了京城，備受滿清皇宮貴族、達官貴人青睞；民國年間，又被尊為「國術」，在「強種強國」的召喚下，風靡大江南北。據不完全統計，而今全球有一億五千萬的太極拳愛好者。太極拳，儼然成了中華民族的一張文化名片。

作為非物質文化，太極拳的傳承，像是一檔叫做「拷貝不走樣」的遊戲：十幾人排好隊，一一被隔離開來，主持人拿一張「提示牌」給第一人看，讓他用形體動作來模仿提示牌的文字內容，譬如「吃麵」，第一人只能用肢體語言模仿吃麵的動作，傳達給下一人，然後第二人就只能靠眼睛觀察所看到的動作，心領神會後，再用自己的肢體語言，將意思傳達給下一人（雖然一傳二傳之後，拷貝往往會走樣，甚至面目全非）。在太極拳這場傳承遊戲裡的「提示牌」，無疑便是「太極拳論」。

這張「提示牌」，歷來被視作武林秘笈，「有者甚屬寥寥」「自宜重而珍之，切勿輕以予人」「後世萬不可輕泄傳人」「匪人更不待言矣」「如其可以傳，再口授之秘訣」。

這些稀而彌珍的拳譜，幾經顯微闡幽，彰往察來，傳承者參會自己的體悟，在修煉拳藝的同時，也發展著太極拳理論。自從一八五四年武澄清在舞陽鹽店發現王宗岳《太極拳論》以來，在短短的四五十年間，太極拳理論大體經歷了以下幾個階段。

第一階段為太極拳理論的初創期。這一時期的文論內容，主要圍繞著舞陽某鹽店獲得的王宗岳《太極拳論》相關文字，會參了武禹襄等諸家講論，以兩條脈絡流傳於世：

其一是武禹襄將所得王宗岳拳論，加以釋解後，贈貽楊家，楊家幾代拳學者在此基礎上加以竄益，附錄於楊、吳兩家公開出版的諸家太極拳論著中；

其二是李亦畬得諸武禹襄贈貽的拳譜後，附以「小序及五字訣」等拳學心得，手抄三本，其一贈予其弟李啟軒，其二贈予弟子郝和，其三自存，俗稱「老三本」。其中李啟軒藏本，曾被重編次序後，夾雜他家講論付梓刊行。

此次校釋，則以郝和珍藏本為底本，參校啟軒藏本，並附錄楊健侯贈貽田兆麟的《太極拳譜》為底本，參校徐哲東校核的龔潤田抄本《太極拳譜》，同時參校陳微明、許禹生、武匯川等諸位楊氏拳學者轉輾傳抄的拳譜，以展現這一時期兩脈太極拳譜的風貌。

第二階段為太極拳理論的繁榮時期。這一時期是以《太極功源流支派論》為代表，俗稱「宋氏家傳本」。此階段拳譜，將李亦畬「老三本」中「不知始自何人」的太極拳，一下子與許宣平、李道子、韓拱月、程靈洗、張三豐（編者：歷史上關於「張三峯」「張三峰」「張三丰」的說法及其是何朝代人，籍貫何處，都莫衷一是。現常用「張三豐」）、仲殊等眾多佛道仙尊發生了關聯。這一時期的拳譜，於拳史源流而論，紛繁蕪雜，或荒誕不經，但卻別具魅力，就像是黃山的雲海，變化萬千，神秘莫測。

看過武俠小說《神雕俠侶》的人一定知道，瀟湘子和尹克西從少林寺藏經閣中盜得一部《九陽真經》，被覺遠大師直追到華山之巔，眼看無法脫身，剛好身邊有隻蒼猿，兩人便割開蒼猿肚腹，將經書藏在其中。《倚天屠龍記》裡覺遠大師臨死前誦念這本經書，張三豐、郭襄和無色禪師聽了後，各自默記了一部分，從此奠定了少林、峨眉、武當三派的內功基礎。

《太極功源流支派論》，正如小說中的《九陽真經》，對後世太極拳研究的影響很大。這一時期的拳譜，多選編在許禹生、李先五、王新午等幾家論著中，較為完整的拳譜，始見於吳圖南的「清初本」、梅墨生抄本以及范愚園抄本。諸本之中，以范愚園本內容最為完善。

此次校釋，選取范愚園抄本為底本，同時參校吳圖南的「清初本」、梅墨生抄本及李先五本、王新午等本，並附錄馬振華家藏《拳譜》、金庸筆下《九陽真經》相關內容，以及所涉佛道仙尊、名號得能稽考者之古籍文獻，探揭其神秘面紗，以期呈現此拳譜獨特之魅力。

第三階段是太極拳理論的巔峰階段。這一時期是以楊家傳抄的太極拳老拳譜（三十二目）為代表，俗稱「三十二目」，此譜部分內容陸續見諸楊澄甫、董英傑、陳炎林、田兆麟、顧留馨、沈壽等相關太極拳圖集中。而以影印本形式全本面世的只有吳公藻藏《太極法說》及楊振基藏「楊澄甫家傳的古典手抄太極拳老拳譜」（簡稱「家藏本」）。

此拳譜，具備自身獨特的拳學理念，且具系統的理論層次，文論內在邏輯嚴密，將太極拳理論從原本的逞一拳一腳之能，昇華為「自天子至於庶人，壹是皆以修身為本」「盡性立命，窮神達化」的性命之學。

此次校釋的《太極法說》，選取楊班侯贈貽全佑的《太極法說》為底本，參校「家藏本」，著重梳理從「老三本」「宋氏家傳本」到「三十二目」拳學術語的演進，梳理拳譜所涉理學思潮的演變，梳理傳統文化對於生命體「人」的認識等，試圖解構內蘊於此譜中系統完備的拳學體系。

校釋以上三階段的太極拳經典老拳譜，嚴格遵循朱熹「讀書須將心貼在書冊上，逐句逐字，各有著落」之訓，幾個月來，收拾心情，天天與書為伴，枕書而眠，心境專靜純一，然後將自己一顆向學之心，貼在老拳譜的每一字、每一詞、每一句中，跟先賢先聖做心與心的交流。且這三階段的老拳譜，各個風格獨具，讀時就如面對三位性情迥異的智慧老人。

第一階段的拳譜，像是一位鄉紳學究，溫恭直諒，信守「知之為知之，不知為不知」的聖訓，不言怪力亂神，其言談舉止，一一皆合乎規矩方圓；而第二階段的老拳譜，則像率直任誕、清俊通脫、出入於儒道之間的智者，言辭雖多怪誕不經，卻又不時閃爍睿哲玄鑒；第三階段的拳譜，則是一位鴻儒博生，學貫中西，融會古今，旁通三教。

所以，校釋過程，其實是一次奇妙的學習過程，整整三個多月裡，聆聽他們掏心掏肺的述說，彷彿徹頭徹尾接受了一次傳統文化的洗禮，簡直就是菩提灌頂。為此，二水願意分別在「武學古籍新注叢書」（第一輯）所收的李亦畬手抄《王宗岳太極拳論》（郝和珍藏）、宋書銘《太極功源流支派論》《太極法說》（班侯贈全佑本）等武學典籍校釋中，從不同側重，將這三位智者介紹給大家。

另外，此次校釋，還著重梳理了一些太極拳史論方面至關重要的概念，以期與《太極功源流支派論》《太極法說》等為代表的第二、第三階段的太極拳譜做對比研究，或將開啟太極拳理論研討的新局面。這也是校釋者拋磚之所期。

二、梳理王宗岳《太極拳論》刊行之脈絡

讀李亦畬手抄《太極拳譜》並參閱相關的典籍資料，筆者最大的收益，是

得以對王宗岳《太極拳論》刊行之脈絡做了一番梳理。

一九一二年，關百益遵許禹生囑，校訂許禹生抄得的太極拳譜，以《太極拳經》為名，油印成冊得以刊行。

一九一八年，京師體育研究社刊行《體育》季刊，許禹生陸續發表《太極拳經詳注》。一九二一年十二月，許禹生出版《太極拳勢圖解》，上篇第六章即為《太極拳經詳注》，此「太極拳經」，即王宗岳的「太極拳論」。

一九二五年，陳微明《太極拳術》出版發行，從其篇末詳注的「太極拳論」來看，稱「一舉動周身俱要輕靈」一節文字，為「太極拳論」，另附有「十三勢歌」「十三勢行功心解」及兩者「又曰」內容。同期陳秀峰的《太極拳真譜》石印本刊行。

一九二七年，徐致一《太極拳淺說》出版發行，第九章亦附錄有此「一舉動周身俱要輕靈」一節文辭的「太極拳論」及標為「山右王宗岳遺著」的「太極拳經」「十三勢歌」「十三勢行功心解」「打手歌」等。

一九二九年春，上海九福公司發行《康健指南》，此書雖屬上海九福公司保健品「百齡機」的廣告資料，開卷黃楚九、褚民誼兩序後，也同樣刊行了這篇「一舉動周身俱要輕靈」的「太極拳論」及標為「山右王宗岳遺著」的「太極拳經」「十三勢歌」「十三勢行功心解」「打手歌」等，還附吳鑒泉太極拳全圖及褚民誼太極推手器械說明等。至此，楊、吳兩家的拳學者，已公開了王宗岳《太極拳論》及武禹襄等諸家講論的內容。

徐哲東認為，「露禪與武禹襄同為永年人，禹襄與兄秋瀛及酌堂（又字蘭畹）皆好武技，露禪歸自陳家溝，雖身懷絕技，以單門寒族，不為鄉里所重，武氏兄弟慕其技之精妙，皆折節與交……露禪往北京授技，猶藉酌堂之薦引……楊武既相契好，陳溝又無此譜，則楊氏別無來源，其譜取諸武氏，亦絕無疑義。」誠然，吳家的拳譜與拳藝皆源自楊家，這無疑義。武家因為他們的拳藝得諸楊家，所以武家將得諸舞陽鹽店的王宗岳拳譜以及他們自身拳藝心得，也一併贈貽給了楊家，「亦絕無疑義」矣。

一九二九年秋，中華書局刊行陳微明《太極答問》，其書「太極拳源流之補遺及小說之辯證」一節，以問答形式解答《三豐全集》中的「關中王宗」與「王宗岳」的關係，曰：「王宗，乃陝西人；宗岳，山西人。以為一人者，誤也。宗岳先生，大約是清初時人。王宗，則元末明初之人也。」

一九三〇年，由上海武學書局出版發行姜容樵、姚馥春編著的《太極拳講義》第十章「太極拳譜釋義」稱：「拳譜為清初王宗岳所著，惟遞嬗至今，其中不無訛錯，故市井所傳之太極拳論，多有令人不解之語。余與姚君馥春，得抄本於湯君士林，並得湯君詳細解說，其原文較世所傳者，多三分之一，皆太極之要訣，茲特筆述於後，以公同好。」此章末姜容樵補注云：「以上原文，相傳為王宗岳著，余與姚君馥春得乾隆時之抄本，復得光緒初年之木板書，與近世所傳者大同小異，其理與法則一耳。」

一九三〇年十一月，唐豪出版《太極拳與內家拳》，其書第九章「王宗岳太極拳經考及其歌訣」，稱他也從永年馬同文處抄得拳譜：「中有李亦畬小序一篇，可藉以考定姚姜舊抄本之時代」「馬今年六十有五，為亦畬姨甥，謂彼時見武，已逾耳順，以此推之，陳清平當是乾嘉間人，故太極拳歷史可考者，應斷自清初王宗岳始，清以前則不可得而考焉。」自此，有關王宗岳身世及其《太極拳論》版本的研究，逐漸地展開了。

一九三六年，中國武術學會發行唐豪編著《武藝叢書》第一輯之四《王宗岳陰符槍譜太極拳經》一書，內有《王宗岳考》云：「數年前，不佞在北平廠肆得《陰符槍・太極拳經》合抄本一冊，槍譜之前，有乾隆乙卯五十九年佚名氏敘一篇。敘中說：山右王先生，自少時經史而外，黃帝、老子之書及兵家言，無書不讀，而兼通擊刺之術，槍法其尤精者也。蓋先生深觀於盈虛消息之機，熟悉於止齊步法之節，簡練揣摩，自成一家，名曰陰符槍……辛亥歲，先生在洛，即以示予……」藉此，唐豪對這份得自「北平廠肆」的證據做了如下推論：「訣中高下、左右、剛柔、虛實、進退、動靜、陰陽、粘隨，一一與太極拳經理論吻合，這是山右王先生即王宗岳的一證。太極拳經上的王宗岳藉

（籍）山右，陰符槍譜敘中的王先生也藉（籍）山右，這是山右王先生即王宗岳的又一證。太極拳經與陰符經譜合抄在一起，其理論與文采，兩者又相合致，苟非同一人的著作，沒有這般巧合的事，這是山右王先生即王宗岳的又一證。有以上這些證據，證明了山右王先生，即是著太極拳經的王宗岳，在沒有找到別的新證據可以修正此說之前，大概不算十分武斷吧。」

從證據學角度而言，「北平廠本」是否真有其本？何時何人所抄？皆無從稽考，自不足為據。僅從唐豪《王宗岳陰符槍譜太極拳經》本抄錄的文辭來分析，其「太極拳經」部分，其實是由武禹襄贈貽楊家後的傳抄本竄益而成。而所謂的「陰符槍譜」，也只是截取了《劍經》《陣記》《紀效新書》《手臂錄》等論著的部分文辭，加以聯綴而成，甚至還承襲了《少林棍法闡宗》破棍譜注的文字。家師慰蒼先生《〈陰符槍譜〉作者辨誤》一文，對此作辨偽去妄。由此可見，唐豪憑藉這份得自「北平廠肆」的證據，便將生活在乾隆辛亥至乙卯年間寫陰符槍譜的「山右王先生」，認定為寫《太極拳論》的王宗岳了。他的「大概不算十分武斷」句，顯然底氣不足。

唐豪《王宗岳考》又由此推論「王宗岳是怎樣一個人物」云：「陰符槍譜佚名氏的敘告訴我們：王宗岳是山西人……辛亥歲，乾隆五十五年，他在洛。其後館於汴……敘末署乾隆乙卯，證明了他於乾隆五十九年尚還健在。他怎樣學得太極拳的呢？陰符槍譜敘中不是說過他在汴、洛之間處過館的嗎？太極拳的發源地，在河南懷慶府溫縣陳溝村，一稱陳家溝，或稱陳家溝子，簡稱陳溝。如果我們要從開封或洛陽前去，只要乘隴海車由開封之西、洛陽之東的汜水，渡黃河十餘里便到。因為汜水介於汴、洛之間，而溫縣則在汜水的對岸。明白了上述的地理，王宗岳之學得太極拳，當即在其居留汴、洛之間的時期中。」

古人河山相隔，輒成天塹。唐豪也意識到汴、洛與溫縣之間相隔了一條黃河，他於是再一次以推斷和想像，為王宗岳設計了一條跨越黃河的學習太極拳之路線，然而此說同樣僅是一種可能的假設，直至目前，學術界尚未找到確切的證據支持此說。

乾隆辛亥年，即西元一七九一年，乾隆乙卯年，即西元一七九五年。將王宗岳與山右王先生，或者將王宗岳與乾隆年間，抑或一七九一年、一七九五年等資訊，生硬地嫁接在一起，始作俑者，自然是唐豪。

一九三七年四月，正中書局刊行徐哲東《太極拳考信錄》，上卷「廠本王宗岳太極拳經辨第九」，駁斥了唐豪的相關觀點：「今觀廠本拳譜，與楊本同，而楊氏拳譜中，顯有武禹襄之手筆，則唐氏所得之合抄本，絕非王宗岳所手定。」然徐氏又說：「是故，由唐氏所推斷，可證陰符槍譜造於王宗岳，可證王宗岳為乾隆時人」，並在《太極拳發微》一書其序志十三云：「在清乾隆間，山右王宗岳，始以太極拳法」，再次確認唐豪的王宗岳乾隆時人說。

哲東先生博覽群書，勤於武術史的考證和研究，特別對於穿鑿附會的武術史疑難點，時有振作提升。他的一些觀點與唐豪相左。而此節文字，將王宗岳定論為「清乾隆間」人士，原本係唐豪的臆斷，哲東先生此言沿襲唐豪論述，亦失之偏頗。

據《武澄清自訂年譜》，武澄清於咸豐二年（一八五二年）得中咸豐壬子章鋆榜恩科進士，甲寅年（一八五四年）補舞陽知縣。時年，武禹襄奉母命赴舞陽省兄，從舞陽某鹽店得王宗岳《太極拳論》。得諸鹽店的原稿，而今已散佚不可得窺，因此也無法確證，王宗岳存世的究竟是哪幾篇文字。但可以明確的是，武家昆仲得諸舞陽某鹽店的這份拳譜中，王宗岳其人、生卒生平，皆無確切資訊予以證實，且至今依然是個謎。

有關姜容樵、姚馥春所公之於眾的「乾隆抄本」，一九三七年四月正中書局刊行徐哲東《太極拳譜理董辨偽合編》之《太極拳譜辨偽》之引言中，即云：「太極拳譜辨偽，本可不作。何則？凡所辨者，其偽顯而易見，如姜容樵所稱乾隆舊本，書中有武禹襄之文，則其謬可知矣。」書中「（三）辨乾隆舊抄本及光緒木刻本」對姜容樵、姚馥春編著的《太極拳講義》第十章「太極拳譜釋義」所列拳譜一一予以辨偽。即便如此，姜容樵、姚馥春所稱「得乾隆時的抄本，復得光緒元年的木板書，與近世相傳者大同小異」「相傳為王宗岳所著」，這「相傳」二字，在民國十九年前的太極拳界，足以達到混淆視聽的效果，於是乎，「較世所傳者多三分之一，皆太極之要訣」之乾隆舊抄本，紛紛被不明真相者所傳抄，乃至其書始發告罄，可謂洛陽紙貴。

究其原因，此時的太極拳界，李亦畬手抄的諸本《太極拳論》，如郝和珍藏本等，均未公之於世，完整太極拳譜「有者甚屬寥寥」「自宜重而珍之，切勿輕以予人」云，太極拳界普遍存在尋找武功秘笈的心態，初版於一九三六年的吳志青《太極正宗》一書，下篇也抄錄《姜容樵先生注王宗岳先生太極拳論》一章。

而今看來，所謂的乾隆舊抄本，實則是拼雜著王宗岳、武禹襄等諸家太極拳論及形意拳論，另也夾雜戚繼光、萇乃周等諸家槍譜、拳經的大雜燴。如「能以手望槍，不動如山，動如雷霆。數十年功夫，皆言無敵，果然信乎？高打高顧，低打低應，進打進乘，退打退跟，緊緊相隨，升降未定，沾黏不脫，拳打立根」一節中，「以手望槍」「不動如山，動如雷霆」「數十年功夫，皆言無敵，果然信乎」等語，皆脫化自戚繼光《長槍總說》，而錯誤百出。「果然信乎」之後沒有了下文暫且不說，「以手望槍」句，卻讓人萬思不得其解。其注解曰：「能以手望槍，並非以空手敵長槍，係手可槍用」，此番解釋，也強作解人。

其實戚繼光《長槍總說》一文，在甚贊楊家梨花槍法之「其妙在於熟之」時說：「熟則心能忘手，手能忘槍，圓神而不滯」，在探究梨花槍之虛實奇正時又說：「其進銳，其退速，其勢險，其節短，不動如山，動如雷霆，故曰：二十年梨花槍天下無敵手。信其然乎。」「果然信乎」，自然需要有下文作答，而「信其然乎」，前文已做鋪墊。一則無著落，一則有呼應。文字之美惡，判若雲泥。「以手望槍」，眼呆而手滯，而戚繼光「心能忘手，手能忘槍」，道盡「布形候氣，與神俱往」之真意，此惟拳藝通家所能言者也。

又如武禹襄「又曰」之「若物將掀起，而加以挫之之力，斯其根自斷，乃壞之速而無疑」，傳抄至楊家後，演變為《十三勢說略》之「若將物掀起而加以挫之之力，斯其根自斷，乃壞之速而無疑」，古人語境下的「物將掀起」改作今人語境下的「將物掀起」，深義已隨之缺失了，到了所謂的乾隆舊抄本，卻又錯訛成「譬之將植物掀起，而加以挫折之力，其根自斷，損壞之速乃無疑」，索然寡味矣。

更為有趣的是，其譜《二十字訣》：「披閃擔搓歉，黏隨拘拿扳，軟掤摟催掩，撮墜續擠攤」，姚、姜兩先生遍搜《康熙字典》，羅列了字典中稍與動作相關的注解，分別注釋了這二十字相對應於太極拳的簡約用法，謂：「由側方分進曰披」「太極拳中，不頂而側讓，不丟而黏為之閃。非全空也」「在太極拳中，任敵襲擊，待其將著身時，負其攻勢，下鬆以化其勁，曰擔。並非擔檔（原文「檔」，為「擋」之誤植）敵人之擊，或擔出敵人之手足也」「在太極拳中，我之手腕臂肘，與敵之手腕臂肘摩擦，試其勁之去向，敵進我隨之退，敵退我趁勢攻，黏粘不脫，中含圓滾之意」，等等。

五十年之後的吳孟俠，將此節文字，剔除《康熙字典》所引經注，直接把姚、姜兩先生對二十個疑難動詞所對應的太極拳簡約用法，改作五言打油詩，如法炮製了所謂的「楊班侯太極拳九訣之《五字經訣》」：「披從側方入，閃展無全空。擔化對方力，搓磨試其功。歉含力蓄使，黏粘不離宗。隨進隨退走，拘意莫放鬆。拿閉敵血脈，扳挽順勢封。軟非用拙力，掤臂要圓撐。摟進圓活力，摧堅戳敵鋒。掩護敵猛入，撮點致命攻。墜走牽挽勢，繼續勿失空。擠他虛實現，攤開即成功。」短短一百字的打油詩，有八十字來源於姚、姜兩先生的原文，蹈襲如此，歎為觀止矣。

一九二九年，李福蔭在省立永年十三中學教書時，油印「廉讓堂太極拳譜」分贈好友。一九三五年四月在太原鉛印出版《李氏太極拳譜》。兩本拳譜雖皆經李福蔭重新編次，分定章節，但李亦畬「老三本」之啟軒藏本的完整內容，終得以面世。其中「第六章河北永年李亦畬先生著述」五字訣附序中，序言末題「清光緒六年歲次庚辰小陽月識」，光緒六年，即西元一八八〇年，其年農曆與西曆換算，可參照兩個甲子後的兩千年。光緒六年歲次庚辰小陽月，即為西元一八八〇年的十～十一月間。

一九三七年，徐哲東《太極拳考信錄》《太極拳譜理董辨偽合編》出版，分別刊行了徐哲東抄自郝月如家藏的迻錄本、李亦畬手寫本《武氏太極拳譜》，也摘錄了廉讓堂本《太極拳譜》。另外還據龔潤田本，校點了武禹襄贈貽楊家後，傳抄於楊氏拳學者的太極拳譜。據《太極拳考信錄》卷下所錄李亦畬手寫本《武氏太極拳譜》稱：「此本永年縣郝月如先生所藏，為李亦畬書以贈郝公為真者，題曰『武氏太極拳譜』，從其朔也。李氏自書所著七篇，亦附於譜後，今並錄之，至於文字，悉仍其舊。」其中便有末題「光緒辛巳仲秋念六日亦畬謹識」的「太極拳小序」與末題「光緒辛巳仲秋廿三日亦畬氏書」的「李亦畬太極拳譜跋」。光緒辛巳年仲秋念六日，也即西元一八八一年十月十二日。光緒辛巳仲秋廿三日，也即西元一八八一年十月九日。以上兩個日子，與啟軒藏本「光緒六年歲次庚辰小陽月」相參，奠定了「老三本」成稿的相對精確的年限。雖然「李亦畬太極拳譜跋」未見於他本，但究其文辭，能證徐哲東先生「冀存其真耳」之志。

一九六四年，唐豪、顧留馨《太極拳研究》由人民體育出版社出版，其書刊行了唐豪考釋的廉讓堂本《太極拳譜》。唐豪在一九三〇年《太極拳與內家拳》一書第九章「王宗岳太極拳經考及其歌訣」所談及的「馬同文本」，一直以來，神龍見尾不見首，《太極拳研究》最大的亮點便是，其書在唐豪節錄武一如藏廉讓堂本《太極拳譜》的考釋中，「馬同文本」終以「馬印書本」之名，得以顯山露水。「馬印書本」內載「李亦畬小序」的初稿年份，唐豪以為是同治六年（一八六七年），且初稿首句為「太極拳始自宋張三豐」，因此，此「馬本」，也屢屢成為日後太極拳史論研究者之談助。

至此，徐哲東《太極拳考信錄》《太極拳譜理董辨偽合編》與唐豪考釋的廉讓堂本《太極拳譜》，將這一時期的太極拳理論研究，推向了高潮。

二九八二年九月，顧留馨《太極拳術》由上海教育出版社出版，其書以影印件形式，刊印了由郝少如贈與顧留馨的李亦畬抄本「郝和珍藏本」，並附錄由姚繼祖拍攝的李亦畬自藏本的一頁「四字不傳秘訣」。

一九九四年至一九九七年間，家師慰蒼先生分別在《上海武術》《武魂》等雜誌，刊登了《幾個有關太極拳歷史考證問題的科學探討》《楊氏太極拳學者修改太極拳經典著作的例證》等文，分作七個課題，釐清了唐豪在王宗岳《太極拳論》研究中所困惑的七大問題：

一是近代流行的楊、吳、武、郝、孫幾家太極拳，都是由河南溫縣陳家溝派生出來，並根據山西人王宗岳寫的《太極拳論》和《打手歌》的理論，改革創新而發展起來的。二是對河南溫縣陳家溝陳家，在文字記載上「太極拳」名稱出現時間的探討。三是陳子明編著《陳氏拳械譜》中的六句「擠手歌訣」，是把陳溝原來幾本抄本和書中沒有標題或稱之為七言俚語的四句歌詞，增添了二句，使之成為六句小律，再根據王宗岳六句《打手歌》的次序和《太極拳論》中相關內容，修改並給以定名的。四是當唐豪的所謂廠本《太極拳譜》，被證實是道道地地的楊氏傳本之後，則唐豪據以考出「寫《陰符槍譜》的山右王先生就是山右王宗岳；王宗岳得陳氏之傳者，不單是太極拳一種，陳溝的春秋刀也兼得其傳；王宗岳不僅得長拳十三勢、打手之傳，兼得一百單八勢長拳之傳」的論證，全部都不能成立了。五是陳溝《拳械譜》中的所謂「一百單八式長拳」，洪洞縣《忠義拳圖稿本》中的所謂「通背拳」，都不是王宗岳《太極拳論‧太極拳釋名》節中所說的「太極拳一名長拳」的長拳。六是指導陳家溝和趙堡陳家訓練太極拳的基礎理論是形意拳理論。七是王宗岳的《太極拳論》，並不是像唐豪論斷的那樣，「是一篇引用《打手歌》和《周子全書》哲學理論，總結出推手經驗的論文」，並「確定王宗岳的《太極拳論》作於乾隆二十二年（一七五七年丁丑，《周子全書》刊行）以後」，「從而也考出了王宗岳是什麼時代人物」。《楊氏太極拳學者修改太極拳經典著作的例證》一文，也提供了楊家傳抄本、李亦畬手抄本這兩脈太極拳文本，相參互較，以做比較研究的新思路。

二〇〇七年一月，上海漢語大辭典出版社刊行《金仁霖太極拳論文選》，錄入太極拳史論文字二十餘篇，開啟了以科技工作者的嚴謹態度，深入細微研討太極拳史論、圖集版本校訂、技法詮釋、正誤指謬的新思路。

二〇一四年十～十一月間，中央電視臺《尋寶》節目「走進河北永年」播出，老三本中最為神秘的李亦畬自藏本展露了廬山真面目，此本還榮獲民間國寶證書。

此次校釋，以李亦畬手抄贈貽郝和的《王宗岳太極拳論》的照片本為底本，參校永年國際太極拳聯誼會編輯的《從古城走向世界》所附錄的《廉讓堂太極拳譜》（啓軒藏本），另選取郝和珍藏本不載而啟軒藏本備載的數則文字，以及郝和珍藏本、啟軒藏本皆不載，據傳載於李亦畬自藏本的文字，如題記、太極拳譜跋等。另又附錄吳深根代抄楊健侯老先生授贈給田兆麟的《太極拳譜》為底本，參校徐哲東校核的龔潤田抄本《太極拳譜》，並參校陳微明、許禹生、武匯川等諸位楊氏拳學者轉輾傳抄的拳譜，充分展示太極拳譜發展過程中，第一階段初創期兩條流傳脈絡的面貌。此套照片，係由郝少如弟子談士琦，據李亦畬手抄贈貽郝和的《王宗岳太極拳論》本拍攝而成，拳譜三十四幀，與一九八二年顧留馨《太極拳術》本，係出同本。顧留馨本局限於當時的印刷條件，清晰度差，此次照排，得以彌補此憾。

對照徐哲東《太極拳考信錄》《太極拳譜理董辨偽合編》所摘錄的文本分析，當年徐哲東先生從郝月如家藏得以錄據的「迻錄本」「李亦畬手寫本《武氏太極拳譜》」，似與此次照排本多有出入。哲東先生是否另有所依，存疑之。此次附錄的吳深根代抄楊健侯老先生授贈給田兆麟的《太極拳譜》，係一九一七年田兆麟受楊健侯臨終所托，應許炳堃之邀來杭州授拳時，由田兆麟弟子吳深根抄錄，轉贈給葉大密老師收藏。以吳深根代抄本為母本，一如徐哲東先生以龔潤田為母本校核楊家他本一樣，一方面因為田兆麟老師質樸而不通文墨，另一方面，田兆麟老師一九一七年就受楊健侯臨終所托，南下授拳，他的藏本絕無文人拳家竄益臆改的可能。以田兆麟藏本，再會參龔潤田本及他本，更能還原武禹襄贈貽給楊家後，最為真實的拳譜面目。

敘例

一、《王宗岳太極拳論》（郝和珍藏）的校釋，以李亦畬手抄贈貽郝和的《王宗岳太極拳論》的照片本為底本，參校永年國際太極拳聯誼會編輯的《從古城走向世界》一書中所附錄的《廉讓堂太極拳譜》（啟軒藏本），為便於拳友閱讀，以通行的正體漢字豎排刊行。

二、附錄一，選取郝和珍藏本不載而啟軒藏本備載的數則文字，諸如四字密訣、論虛實開合等，在點校中加以說明。又選取數則郝和珍藏本、啟軒藏本皆不載，據傳載於李亦畬自藏本的文字，如題記、太極拳譜跋等。因李亦畬自藏本尚未公開，未能核考，但這數則文字一直以來都影響著太極拳史論界，因此，也附載之予以說明。

三、附錄二，以吳深根代抄楊健侯老先生授贈給田兆麟的《太極拳譜》為底本，參校徐哲東校核的龔潤田抄本《太極拳譜》，並參校陳微明、許禹生、武匯川等諸位楊式拳學者輾轉傳抄的拳譜，並將楊氏傳抄本與李氏手抄本相互參校，展示太極拳理論經由武禹襄得諸舞陽後，分贈予楊氏、李氏以來的發展變化，以期呈現太極拳理論在這一初創時期的概貌。

四、諸本拳譜傳抄過程的訛脫衍倒、魯魚亥豕，一一校正，且在校釋中予以說明。拳架名目中的訛誤，在其傳承中有別番釋義者，如攬雀尾、三甬背、紜手等，一依其舊，也在校釋中加以注明。

五、此次點校，重在梳理一些太極拳史論至關重要的概念，諸如無極、太極、掤擸擠按等，將其出典及語義的演進，一一在校釋中予以闡述。

六、由於語意環境的變遷，當今讀者習以為常的成句、詞語，在太極拳譜成稿時期，或另有深意者，諸如用力、運動、中正等，在校釋中加以說明。

七、此次校釋，參考了徐哲東的《太極拳考信錄》《太極拳譜理董辨偽合編》、唐豪的《王宗岳太極拳經　王宗岳陰符槍譜》、唐豪與顧留馨的《太極拳研究》等，試圖將前輩在研討太極拳譜過程中，思想碰撞時的智慧火花，在相關章節中予以展現；並適當加以按語，無敢苟論，亦非曲諱，乃研括其條，正列其義焉。

郝和珍藏

王宗岳太極拳論

後附小序

並五字訣

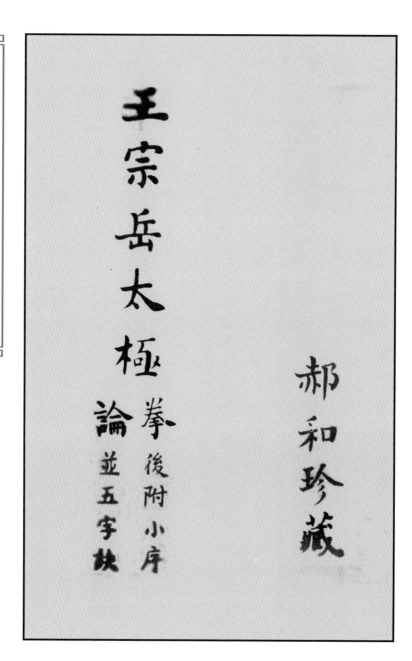

王宗岳①太極拳論 後附小序併五字訣（封面）

郝和②珍藏

【注釋】

①王宗岳：這一名號最早見諸武禹襄昆仲發現的王宗岳《太極拳論》中。據《武澄清自訂年譜》，武澄清於咸豐二年（一八五二年）得中咸豐壬子章鍌榜恩科進士，甲寅年（一八五四年）補舞陽知縣。時年，武禹襄奉母命赴舞陽省兄，從舞陽某鹽店得王宗岳《太極拳論》。得諸鹽店的原稿，而今已散佚不可得窺。因此也無法確證，王宗岳存世的究竟是哪幾篇文字。但可以明確的是，武家昆仲得諸舞陽某鹽店的這份拳譜中，王宗岳其人，生卒生平，皆無確切資訊予以證實，且至今依然是個謎。

②郝和（一八四九—一九二〇年）：名和，字為眞，河北永年人。從李亦畬習太極

拳。民國初年，去京師訪楊健侯，臥病逆旅，結識孫祿堂，感其誠，傾囊授藝。其子郝月如得其家傳。

姚繼祖先生致顧留馨函，抄錄李遜之藏「李亦畬自藏本」之「題記」稱：「此卷予手訂三本，啓軒弟一本，給友人郝和一本，此本係予自藏」，此即「老三本」的來由。此「郝和珍藏」抄本，或即「題記」所稱「給友人郝和一本」者也。徐哲東從其子郝月如處抄錄的迻錄本及題為「武氏太極拳譜」的李亦畬手寫武氏太極拳譜兩本，迻錄本非此「郝和珍藏」本，「李亦畬手寫武氏太極拳譜」是否與此「郝和珍藏」本同屬一本，也有待核考。此「郝和珍藏」本，後由其孫郝少如先生珍藏。少如先生讓其弟子談士琦先生將此拳譜拍攝成照片，沖洗後，其中一套贈予顧留馨先生。談士琦先生也存留一套。本次影印，即翻拍自談士琦先生所藏照片本。藉此鳴謝。

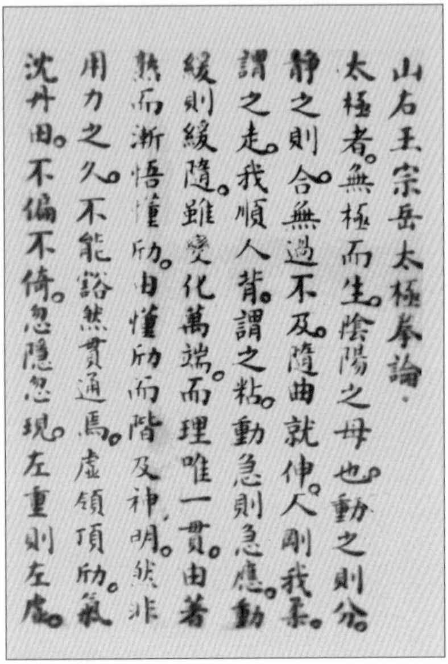

山右王宗岳太極拳論。
太極者。無極而生。陰陽之母也。動之則分。
靜之則合。無過不及。隨曲就伸。人剛我柔。
謂之走。我順人背。謂之粘。動急則急應。動
緩則緩隨。雖變化萬端。而理唯一貫。由着
熟而漸悟懂勁。由懂勁而階及神明。然非
用力之久。不能豁然貫通焉。虛領頂勁。氣
沈丹田。不偏不倚。忽隱忽現。左重則左虛。

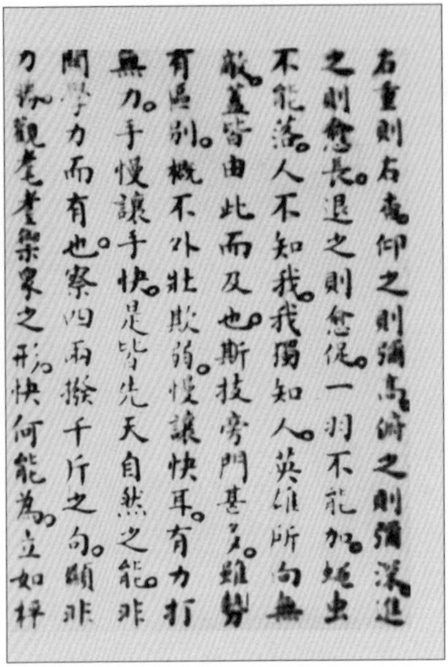

右重則右杳。仰之則彌高。俯之則彌深。進
之則愈長。退之則愈促。一羽不能加。蠅虫
不能落。人不知我。我獨知人。英雄所向無
敵。蓋皆由此而及也。斯技旁門甚多。雖勢
有區別。概不外壯欺弱。慢讓快耳。有力打
無力。手慢讓手快。是皆先天自然之能。非
關學力而有也。察四兩撥千斤之句。顯非
力勝。觀耄耋禦衆之形。快何能為。立如枰

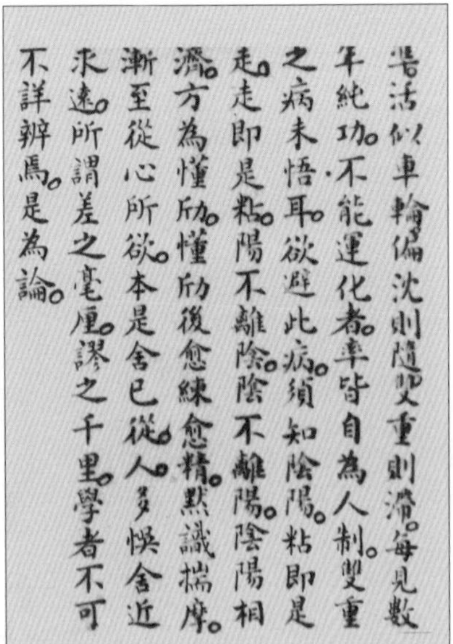

準。活似車輪。偏沈則隨。雙重則滯。每見數
年純功。不能運化者。率皆自為人制。雙重
之病未悟耳。欲避此病。須知陰陽。粘即是
走。走即是粘。陽不離陰。陰不離陽。陰陽相
濟。方為懂勁。懂勁後愈練愈精。默識揣摩。
漸至從心所欲。本是舍己從人。多悞舍近
求遠。所謂差之毫厘。謬之千里。學者不可
不詳辨焉。是為論。

山右王宗岳太極拳論①

太極②者，無極③而生，陰陽之母④也。動之則分，靜之則合⑤。無過不及⑥，隨曲就伸⑦。人剛我柔，謂之走⑧；我順人背，謂之粘。動急

則急應，動緩則緩隨。雖變化萬端，而理唯一貫⑨：由著熟⑩而漸悟懂勁⑪，由懂勁而階及神明⑫。然非用力⑬之久，不能豁然貫通焉。

【注釋】

①山右王宗岳太極拳論：啓軒本列在太極拳譜第三章。唐豪稱「山右王宗岳」五字是李亦畬據鹽店譜所加，以資識別者也。二水以為，唐豪此論無實據。

②太極：通行的諸本《易經》中，除了《易經·繫辭上》「易有太極，是生兩儀」句出現「太極」兩字外，先秦的文獻中，僅見於《莊子·大宗師》「在太極之先而不為高，在六極之上而不為深」句。莊子此處的太極，與六極相對，其意僅指空間的最高極限，與後世通行的太極概念無涉。而通行本《易經·繫辭上》「易有太極，是生兩儀」句之「太極」，一直以來無貼切之解。

一九七三年，湖南長沙馬王堆漢墓出土的帛書《易經》，繫辭第十章云：「是故《易》有大恒，是生兩儀，兩儀生四馬，四馬生八卦，八卦生吉凶，吉凶生六業。」

帛書《易經》分作八宮，每一宮分作八卦，陽卦居四宮，陰卦也居四宮。八八共六十四卦。而「恆」卦，在帛書中則居第三十二卦，也即全數卦位六十四卦的二分之一處，也是上篇四陽宮與下篇四陰宮的分野。

「《易》有大恆，是生兩儀」的兩儀，其實就指上下陰陽兩篇。當「易有大恆」，有了實實在在、確確切切的注解之後，「易有太極」，則顯得有些力不從心了。將「大恆」誤作「太極」的原因，通常的觀點以為，為避諱漢文帝劉恆之名，改大恒為太極。其實，在戰國時期的文字裡，從「亙」、從「亟」的字，極其容易誤寫誤讀的，而「太」「大」兩字，也同樣容易誤植。倘若只是為了避劉恆之諱，為什麼只是避了繫辭中「易有大恆」中的一處「恆」字，而「恆」卦中的諸多「恆」字，怎麼沒有避諱呢?所以，不管是避諱還是古人的手抄誤植，在二水看來，這只是歷史給後人開的一個小小玩笑。

《易經．繫辭上》中的「易有大恆，是生兩儀」，一旦被誤傳為「易有太極，是生兩儀」之後，歷史在此出現了一個拐點，原先最早出現在《莊子．大宗師》「在太極之先而不為高，在六極之上而不為深」的「太極」一詞，隨著宋明理學的興起，開始展現在歷史舞臺上，演繹出高雅庸俗間雜的精彩篇章。

③無極：語出《道德經》第二十四章：「知其雄，守其雌……復歸於嬰兒；知其白，

守其黑……復歸於無極；知其榮，守其辱……復歸於樸……」

二水按：樸與嬰兒，是老子哲學十分重要的概念。「敦兮其若樸」「見素抱樸」「復歸於樸」等，強調的是樸素、本眞的狀態，就像嬰兒一樣，能知其雄，守其雌，卻又不以性別而區別於人。樸，作為哲學概念指的是，能夠知曉榮辱貴賤之理，而不以榮辱貴賤作為標籤來區別待人。與之相提並論的無極狀態自然也是：知其白，守其黑，卻也不以黑白陰陽、開合動靜來分別待之。

《莊子·應帝王》裡有關渾沌的寓言，有助於理解無極的實質：南海之帝為倏，北海之帝為忽，中央之帝為渾沌。倏與忽相遇於渾沌之地，渾沌待之甚善。倏與忽謀報渾沌之德，曰：「人皆有七竅，以視聽食息。此獨無有。嘗試鑿之。」日鑿一竅，七日而渾沌死。

倏與忽，在寓言裡，可以代表空間與時間；在方位上可以代表南方與北方，當然也可以理解為陰與陽。在其他的一些考證資料裡，有說渾沌有兩子，即倏與忽。就像太極有一子一女，即陰與陽（太極者，陰陽之母也）。這大概是中國古代人文精神的體現了。

梁簡文帝蕭綱曾說：倏、忽以神速為名，渾沌以合和為貌。神速，譬之有為；合和，則喻無為。所以，在作為最高管理者的梁簡文帝眼裡，倏、忽與渾沌代表了兩種截然不同的治理方式。渾沌以無為、合和為原則通領洪荒；而倏與忽，則以時機的把握和空間的丈量，來治理天運八極之所。一則無為無不為，一則有所為，有所不為，這便是無極與太極的區別。

可見，時機的把握和空間的丈量，便是太極拳得機得勢的根本，也是太極拳的靈魂所在。有所為，有所不為，為與不為，一切均取決於神速之中機的把握與勢的運用。

值得一提的是，八百三十餘年前，江西上饒的鵝湖寺，有一群讀書人，圍繞著太極與無極的問題，曾展開了一場辯論會。

反方是以陸九淵為首的陸氏兄弟。首先發難的是陸九韶，他認為：周濂溪《太極圖說》「無極而太極」的觀點，是在《易經．繫辭上》「易有太極，是生兩儀」句基礎上，「於上又加無極二字，是頭上安頭，過於虛無好高之論也」，「無極二字出老子，非周子之言」，原因是周敦頤在另一部更為重要的著作《通書》中，壓根不提「無極」兩字。

而正方的朱熹大不以為然，他認為：不言無極，會使人將太極等同於一物，而認識不到太極乃萬物之本；不言太極，則又恐將無極淪為「空寂而不能為萬化之根」。

陸九韶聽出朱熹之辯旨在「求勝不求益」，遂不與之辯。陸九淵以為，學問愈辯愈明，於是接了話茬，繼續與朱熹論辯。

他認為：「夫太極者，實有是理，聖人從而發明之耳」，以無極來釋太極，「使後人簸弄於頰舌紙筆之間也」。因為，極訓中，言無極即無中，「是奚可哉？」「自有《大傳》，至今幾年，未聞有錯認太極別為一物者……何足上煩老先生特地於太極上加無極二字以曉之乎？」

朱熹極力反對陸九淵訓極為中，他認為極是至極之意，故太極者，是理之極也，既存在於萬物之先，為萬化之根本，又存在於萬物之中，是萬物之理。

公說公的理，婆說婆的理。爭吵了三天三夜，這群斯文的讀書人終究不歡而散。

八百年後的某一天，長沙馬王堆出土了帛書《周易》，人們發現，那群讀書人苦苦爭論的「太極」這一概念，原本只是「大恆」兩字的誤植。由此演繹出來的無極，也成了無稽之談。

④陰陽之母：王宗岳，將「太極」納入一己身上，以己身之太極，去體悟天地太極之理，人性化地為太極收養了一子一女——陰與陽。

二水按：這一觀念的產生，得益於沉重的歷史文化積澱。我們不妨來梳理一下歷史上太極概念的演化進程。

除了《莊子·大宗師》的「太極」之外，在先秦的典籍中，難以尋找「太極」兩字的其他出典。

東漢的易學中，開始有太極的諸多釋義，大多以「氣」或「元氣」等概念，來解釋太極。如鄭玄《周易注》中的「太極」說：「極中之道，淳和未分之氣也。」

南北朝的道教文獻中，也直接沿襲漢易觀點。陶弘景在《眞誥·甄命授》中稱：「道者混然，是生元氣，元氣成，然後有太極，太極則天地之父母，道之奧也。」「太極則天地之父母」，很有創意！這位著名的老道，居然人性化地為「太極」收養了一對子女，叫天和地。這一觀點也影響著後世的王宗岳。當然，在老道們的眼裡，太極更多的象徵意義在於天地乾坤神靈道術等，尚未涉及人身個體的太極觀念。

唐代易學繼承了漢易的傳統，孔穎達《周易正義》解「易有太極」云：「太極謂天地未分之前，元氣混而為一，即是太初、太一也。故老子云道生一，即此太極是也。」可見，唐以前的「太極」概念，側重的是對天地本原的探索，所以始終未脫「元氣」範疇。

宋明理學或道學的興起，始於周濂溪之《太極圖說》。周濂溪圖文並茂，不但首創了「陰靜陽動」的太極圖，還用文字解釋了他的發明創造：「太極動而生陽，動極而靜，靜而生陰，靜極復動，一動一靜，互為其根，分陰分陽，兩儀立焉。」

周濂溪的陰陽互動說與動靜之理，幾乎被王宗岳《太極拳論》全盤接納，但兩者對「太極」的理解還是截然不同的。周子旨在以太極來講述宇宙生成之序。所謂「坤道成女，乾道成男」，比陶弘景老道的「太極則天地之父母」更接近世俗。

邵康節開以「心」「氣」兩義解釋太極之風。邵康節說：「心為太極」（《觀物外篇》），此心概指聖人之心。康節先生以為，聖人之心與「天地之心」同，《擊壤集．觀物吟》云：「一氣才分，兩儀已備。圓者為天，方者為地。變化生成，動植類起。人在其間，最靈最貴。」心、氣合解太極，為後世將太極納入己身（人身一太極）奠定了基礎。

朱熹把二程的「道」或「理」與《易經．繫辭上》的「太極」合而為一。二程雖不盲「太極」，朱熹卻盲於此而不能拔。進而他在《太極圖說解》中指出：「太極，形而上之道也，陰陽，形而下之器也。」

朱熹的太極，直接跟倫理掛上了勾。這一理論在後世相當長的一段時期，被奉為正統。

明初，南方理學以朱子系之吳康齋為中心，他們在發揚朱子之學的基礎上，開始了太極的通俗化進程。特別是明中晚期，從儒者到士大夫，幾乎到了言必稱太極的地步，以致後世腐儒或爛陳其辭，或浮薄其義，或褻慢其理。

沈德符《萬曆野獲編》補遺卷三之「佞倖」目下載「太極」云：「太極本無極。自宋周子加以一圈，其後迂腐鑄太極圖，其式如圈。人遂云，今乃知太極之為物，匾而中空。

本朝大儒吳康齋，每對人輒以雙手做圈勢，自云無時不見太極。浮薄者，遂以蘆菔投其中。又有一顯官，以隸人裸露，發出治罪，云衝破太極。又有作太極訴冤文者。而聖賢道理，受人褻慢至矣。至世宗朝，罷任府丞朱隆禧，做太極衣以獻，蓋房中術也。上大喜，進卿進侍郎。又今滇中文武上下，以緬鈴相饋遺，登之簡牘曰：太極丸。侮聖至此，可惡可恨。」

沈德符（一五七八——一六四二年），字景倩，浙江嘉興人。《萬曆野獲編》一書上自朝廷典章制度，治亂得失，下至山川風物，乃至文人學士的瑣事遺聞，無所不包。

悉心解讀他的這段文字，我們不難看出以下幾點：

其一，明朝各朝皇帝大儒士大夫熱衷於與「太極」相關聯的物事，幾成風尚。這種時尚，勢必帶動民間中下層人士對「太極」的熱衷。這種現象雖有沈德符所譴責的侮聖褻明的意思，但太極概念的通俗化或庸俗化，畢竟為後世太極拳的創立提供了土壤。

其二，太極的觀點，開始偏離朱熹「太極，形而上之道也」，而開始探尋有形有象的形而下之器的「太極」，諸如鑄「匾而中空」的太極圖；吳康齋以雙手做圈勢，體悟太極等（吳康齋的身體語言，雖然遠不及王宗岳的以拳悟道，但畢竟能發蒙以己身體悟聖道之端）。

其三，發明或編造與太極相關的物事，是一件名利雙收的事。這其中蘊育著十分強勁的利益驅動。不管是「太極衣」「太極丸」，與太極相關的延伸產品的開發，也反過來激發群衆的「太極」智慧。

其四，憑沈德符的廣聞博記，在他生卒的一五七八——一六四二年期間，尚未聽聞太極拳的創立。

⑤動之則分，靜之則合：古漢語，有一種特殊的語法結構，叫「互文」，前後辭章，參互成文，合而見義。譬如「打情罵俏」「翻手為雲，覆手為雨」，等等。同樣，「動之則分，靜之則合」句，也應該理解為「動靜則分合」。熟悉了這一語法特點，結合拳論，我們不難理解這一「秘訣」的眞實內涵了。

二水按：此節闡述太極拳猶如一架權衡動靜變化的「天平」，一旦稱得對手動靜端倪，便以分合之道應對之。天地萬物動靜變化，是一個陰陽消長的過程。應對對手的陰陽變化，或分或合，全憑權稱對手陰陽消長的個中消息，「分毫尺寸，須自己細辨，默識揣摩，融會於心，迨之精熟，自能隨感斯應」矣。

⑥無過不及：朱熹注《中庸章句》「君子之中庸也，君子而時中」句曰：「中庸者，不偏不倚，無過不及」「有君子之德，而又能隨時以處中也」「過者失中，不及則未至」。

⑦隨曲就伸：隨，從也，順也，往也。就，迎也，即也。《黃帝內經·素問·天元紀

大論》篇第六十六：「陰陽之氣，各有多少，故曰三陰三陽也。形有盛衰，謂五行之治，各有太過不及也。故其始也，有餘而往，不足隨之；不足而往，有餘從之。知迎知隨，氣可與期。應天為天符，承歲為歲直，三合為治。」

二水按：太極拳旨在透過拳架、推手的訓練，根據對手氣的陰陽、形的盛衰的態勢，逐漸感知對手或過或不及時所蘊含的機勢，同時做出或迎或將、或即或離的反應，最後達到知迎知隨，不將不迎，不即不離，隨曲就伸的自然反應狀態。這與《黃帝內經》「應天為天符，承歲為歲直」的天地大道，理為一貫。

⑧走：趨也。趨向曰走。武禹襄的解曰，用「依」字來詮釋走：「以己依人，務要知己，乃能隨轉隨接；以己粘人，必須知人，乃能不後不先」「能粘依，然後能靈活」云。

⑨一貫：語出《論語・里仁》：「子曰：參乎，吾道一以貫之。」

⑩著：有位次之意。《五行志》云：「朝內列位有定處，所謂表著也。」著熟，概指拳架招數中的每一拳勢，爛熟於心。

⑪劤：多力也。同勁。郝和本的「劤」字，皆改作「勁」。後同，不另注。

⑫神明：《淮南子・兵略訓》曰：「見人所不見，謂之明；知人所不知，謂之神。神明者，先勝者也。」

二水按：此節從著熟到懂勁，從懂勁到神明，不但指明了太極拳的方向，更為我們提供了習練太極拳的行為模式：

「著熟」是第一階段，要求熟悉太極十三勢的每一動、每一招的勁路變化，熟悉拳技的規矩法度。這一階段靠的是勤奮。

「由著熟而漸悟懂勁」是第二階段。這是「漸悟」的過程。所謂「漸悟」，一方面是指需花費一段漫長的時間，另一方面除了自身的身體力行、刻苦訓練外，還需時時用腦、刻刻用意。這更需要一個人的智慧。

「由懂勁而階及神明」是第三階段。「漸悟」是一種模糊思維，而「階及」卻有了一條明確的路徑。因為懂勁了，入了門，但前方的路，猶如一架天梯，目標雖然明確，方向猶在前面，卻是一條永無止境的通天長梯。欲到達「神明」境界，勤奮加智慧，還遠遠不夠，關鍵是一個人的人格魅力。太極拳不是單純的武藝，而是一種道藝。如果不注重自身人格的修為，「階及神明」之路只能是神話中的一架「天梯」。

⑬用力：勞心努力之意，非用蠻力之謂也。蘇軾《靈壁張氏園亭記》云：「凡園之百物，無一不可人意者，信其用力之多且久也」；朱熹《大學章句》：「至於用力之久，而一旦豁然貫通焉。」

虛領頂勁，氣沈①丹田。不偏不倚，忽隱忽現。左重則左虛，右重則右杳②。仰之則彌高，俯之則彌深③。進之則愈長，退之則愈促。一羽不能加，蠅蟲不能落。人不知我，我獨知人。英雄所向無敵，蓋皆由此而及也。

斯技旁門甚多。雖勢有區別，概不外壯欺弱，慢讓快耳。有力打無力，手慢讓手快，是皆先天自然之能，非關學力而有④也。察四兩撥千斤之句，顯非力勝。觀耄耋⑤禦衆之形，快何能爲？

【注釋】

①沈：沒也。俗別作「沉」。後同，不另注。

②杳：冥也。從日在木下。《張衡・思賦》云：「日杳杳而西匿。」

③仰之則彌高，俯之則彌深：語出《論語・子罕》：「顏淵喟然歎曰：仰之彌高，鑽之彌堅，瞻之在前，忽焉在後，夫子循循然誘人。博我以文，約我以禮，欲罷不能，既竭吾才，如有所立卓爾，未由也已。」

④有：「有」字後原文脫「為」字，據啓軒本補正為「非關學力而有為」。

⑤耄耋：猶高齡，高壽。林栗《周易經傳集解》曰：「夫日昃者，一日之老也；秋冬者，一歲之老也；耄耋者，百年之老也。」他本耄耋後衍「能」字，蓋後人竄附。

立如枰準①，活似車輪。偏沉則隨，雙重②則滯。每見數年純功，不能運化者，率皆自爲人制，雙重之病未悟耳。欲避此病，須知陰陽。粘即是走，走即是粘。陽不離陰，陰不離陽。陰陽相濟，方爲懂勁。懂勁後，愈練愈精，默識揣摩，漸至從心所欲。本是捨己從人，多誤③捨近求遠。所謂差之毫釐，謬之千里。學者不可不詳辨焉。

是爲論。

【注釋】

①枰準：枰，蓋「平」字之誤，啓軒藏本作「秤準」，以訛傳訛也。平，正也，坦也。水土治曰平，因之測地平陂之儀。準者，所以揆平取正也。繩直生

準，因之制平物之器。

②雙重：重，再也。重陰、重陽謂之雙重。《易經》以九為老陽，六為少陰。習俗九月九為重陽節，六月六為重陰節。後文「雙重之病未悟耳」「欲避此病，須知陰陽」可佐證之。

二水按：「偏沉則隨，雙重則滯」中，偏沉專指重陰，雙重則偏指重陽，蓋屬複合偏義。偏沉則隨，流弊於重陰，有失平準之「立」；雙重則滯，凝積於重陽，有失車輪之「活」。「立」者，即楊氏太極拳老拳譜三十二目之「太極平準腰頂解」中的「平之根株也」，意思是天平的樑柱。偏沉則隨的「隨」，乃隨波逐流之「隨」，而非隨曲就伸之「隨」。

後文李亦畬五字訣在王宗岳「左重則左虛，右重則右杳」的基礎上，釋解為「左虛則右實，右虛則左實」，意在以虛實開合來力戒陰陽未辨之病。知虛實開合，方能如《孫子兵法》之所云：「善用兵者，似率然。率然者，常山蛇。擊其首，則尾至。擊其尾，則首至。擊其中，則首尾俱至。」

③悮：誤的異體字。啓軒本作「誤」。

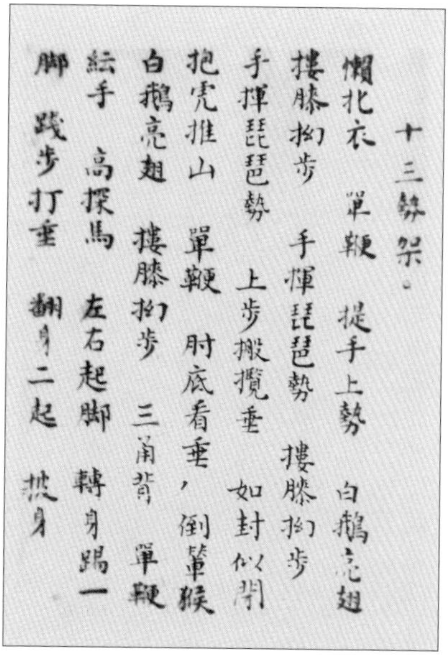
十三勢架。
懶扎衣　單鞭　提手上勢　白鵝亮翅
摟膝拗步　手揮琵琶勢　摟膝拗步
手揮琵琶勢　上步搬攬垂　如封似閉
抱虎推山　單鞭　肘底看垂，倒輦猴
白鵝亮翅　摟膝拗步　三甬背　單鞭
紜手　高探馬　左右起腳　轉身踢一
腳　踐步打垂　翻身二起　披身

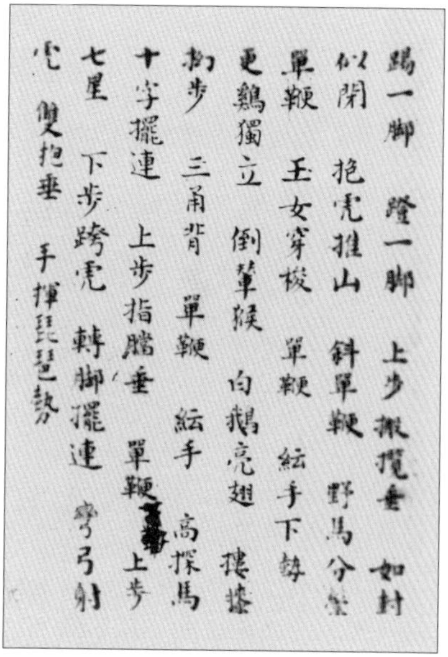
踢一腳　蹬一腳　上步搬攬垂　如封
似閉　抱虎推山　斜單鞭　野馬分鬃
單鞭　玉女穿梭　單鞭　紜手下勢
更鷄獨立　倒輦猴　白鵝亮翅　摟膝
拗步　三甬背　單鞭　紜手　高探馬
十字擺連　上步指膛垂　單鞭　上步
七星　下步跨虎　轉腳擺連　彎弓射
虎　雙抱垂　手揮琵琶勢

十三勢架①

懶扎衣②，單鞭，提手上勢，白鵝亮翅，摟膝拗③步，手揮琵琶勢，摟膝拗步，手揮琵琶勢，上步搬攬垂④，如封似閉，抱虎推山，單鞭，肘底看垂，倒輦猴，白鵝亮翅，摟膝拗步，三甬背⑤，單鞭，紜手，高探馬，左右起腳，轉身踢一腳⑥，踐步打垂，翻身二起，披身，踢一腳，蹬一腳⑦，上步搬攬垂，如封似閉，抱虎推山，斜單鞭，野馬分鬃，單鞭，玉女穿梭，單鞭，紜手下勢，更雞獨立，倒輦猴，白鵝亮翅，摟膝拗步，三甬背，單鞭，紜手，高探馬，十字擺連⑧，上步指膛⑨垂⑩，，單鞭，上步七星，下步跨虎，轉腳，擺連，彎弓射虎，雙抱垂，手揮琵琶勢⑪。

【注釋】

①十三勢架：此節，啓軒本列在第二章十三勢架中的第二節。

唐豪稱：「據李亦畬五字訣序，武禹襄之十三勢，傳自溫縣趙堡鎮陳清平。清萍（編者：「陳清平」，亦名「陳清萍」或「陳青萍」）與陳溝之陳仲甡、陳季甡昆季，及陳長興子耕紜（編者：「陳耕耘」，亦名「陳耕紜」或「陳耕雲」）為同時人。長興之十三勢老架，傳自其父秉旺；清萍、仲甡、季甡之十三勢新架，傳自陳有本。清萍更以心得，另創一套，並以傳人。其傳以趙堡鎮、王圪壋兩處為盛。稱新架為「略」，稱清萍所創為「圈」。一九三〇—一九三一年冬末春初，余在三處調查所得，且目擊其後輩演練者也。歸滬後，獲交郝少如，觀其勢，既不同於「略」，亦不同於「圈」，從知武禹襄之十三勢，依緊湊法則獨創，非舞陽縣鹽店太極拳譜所原有。十三刀、十三杆、四刀、四杆之法，亦清萍傳禹襄。有本傳清萍皆非鹽店譜所有，李福蔭不別而出之，蓋未考其來歷。鹽店譜無十三勢程式。所有十三勢程式，均為各家自己所添加，所以楊家流傳之譜，便依楊家程式；武家流傳之譜，便依武家程式。楊、武支流之譜，便各依其支流而不同，此為有力佐證。」

二水按：僅僅「據李亦畬五字訣序」，根本無法斷定此節究竟是武禹襄得自王宗岳的鹽店原譜，還是武禹襄得自楊露禪的拳譜，更無法確證是武禹襄得自陳清平的拳譜。但細校各家十三勢架名目的異同，獲取各家演進蛻變過程中的「遺傳因子」，對於太極拳源流的研討，頗能啓益。

②懶扎衣：啓軒本作「藍鵲尾」。

二水按：啓軒本的藍鵲尾名目，為懶扎衣演進為攬雀尾提供了可資考據的論據。

③抝：拗的異體字。

④垂：應為「捶」字之誤。啓軒本作「搬攔捶」。後同，不另注。

⑤三甬背：疑係「通背」之誤植。抄本中「通」字容易誤讀成「三甬」。

二水按：兩儀堂、文修堂本陳氏拳械譜中，有拗步閃通背、通背、拗打通背、閃通背、閃銅牌、摟膝閃同碑、閃同碑、回頭閃通背等名目。楊式拳譜中，多為閃通背、扇通背、肩通背等。

⑥轉身踢一腳：啓軒本分作「轉身」「踢一腳」兩個名目。

⑦踢一腳，蹬一腳：啓軒本將這兩名目，併作「踢一腳蹬一腳」一個名目。

⑧連：此本與啓軒本皆作「連」，應為「蓮」字之誤。後同，不另注。

⑨膅：音ㄉㄤ，耳下垂曰「膅」。此處應為「襠」字。兩儀堂、文修堂本陳氏拳械譜中也有指名目。後同，不另注。

⑩上步指膅垂：此句後尚有「上勢懶紥衣」名目。啓軒本作「上步藍鵲尾」。

⑪手揮琵琶勢：啓軒本無此名目。疑係衍文。

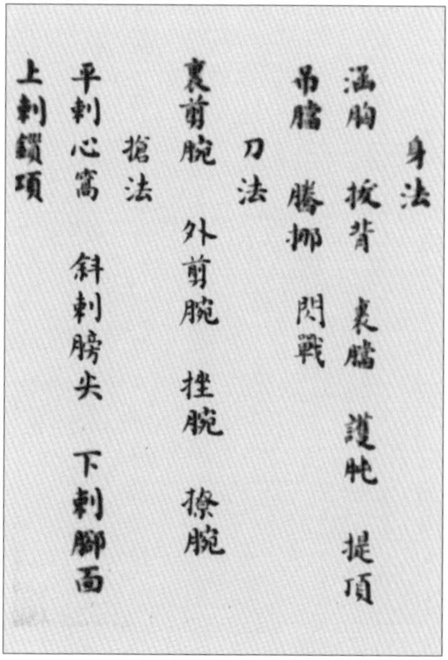
身法
涵胸 拔背 裹襠 護肫 提頂
吊襠 騰挪 閃戰
刀法
裹剪腕 外剪腕 挫腕 撩腕
搶法
平刺心窩 斜刺膀尖 下刺腳面
上刺鎖項

身法①

涵胸，拔背，裹襠，護肫②，提頂，吊襠，騰挪③，閃戰④。

【注釋】

①身法：此節啓軒本列在第二章十三勢架中的第一節，「騰挪、閃賺」被置換作「鬆肩、沉肘」。

二水按：《射經》云：「頤惡傍引，頸惡卻垂，胸惡前凸，背惡後偃，皆射之骨髓疾也。」提頂之要，能療頤之傍引、頸之卻垂；涵胸旨在遏制胸之前凸；拔背旨在防止背之後偃。李呈芬曰：「身法之善，莫若蹲腰坐胯最為便宜。腰蹲則身不動，坐胯而臀不顯。」腰蹲則身不動，坐胯而臀不顯，講透了護肫、吊襠的要領。李呈芬《射經》：「自肩至肘與手，要直如箭」「肩肘腰腿力萃於一處，易起易伏」「欲拳與肩齊也。前撇後絕，射之玄機。一撇一絕，乃相應之妙。」

王璩《射經》：「肘平如水準，令其肘可措杯水。故曰：端身如幹，直臂如枝。」等射經中諸多經典的論述，在太極拳的身法中表現為「鬆肩、沉肘」。

②護肫：護者，救視也，有監管、監護之意。肫：臀也。《儀禮》特牲饋食禮曰：「則肩一、臂二、臑三、肫四、胳五、正脊六、橫脊七、長脅八、短脅九。此謂士禮也。若大夫禮，則十一體，加脡脊、代脅。」李如圭集釋：「肩、臂、臑、肫、胳、脊、脅為七體。」由此可見，肫尚有臀之謂也。《劉知遠諸宮調》云：「胯大肫高，決片牛唇口，粗能飲村酒。」

二水按：鄉曲學究，故作解人，因肫有雞肫、鴨肫之意，而人無肫，以雞鴨肫在胸肋腹胃處，且以今人語境，訓護為一招一式招架之能，故將護肫曲解為護肋或護腹。《說文》中，肫尚有臉頰兩顴之意。太極拳行拳走架，為何不護眼遮臉，而獨獨只須護肋或護腹焉？在身法八要中，其實涵胸、拔背為一組，裹襠、護肫也合為一組，提頂、吊襠為一組，騰挪、閃賺為另一組。

涵胸、拔背重在內動，裹襠、護肫在楊家三十二目老拳譜中，演進為「車輪二，命門一」的命門，提頂、吊襠，則演進為身形腰頂中「腰頂窮研」之腰頂。內動，胸腹貼腰背，讓脊椎節節舒展，對拉拔長，用以訓練腰頂功夫。

腰頂窮研的研，首先得能讓腰頂可以成為研磨之研杵，如此方能「在各式圜研相合之中，得其妙用矣」。腰頂的要領是「窮研」，身形的要領是順著腰頂的窮研而「伸舒」。腰頂是由尾閭內斂、虛領頂勁之後所形成的「軸」，就像是研磨的杵，身形則是順隨著「軸」的研磨而形成的「圜」，只有身形舒展了，「圜」才得以舒展。

③騰挪：技法源於槍法。靜中之動，預動而未動之勢。

何良成《陣記》卷二技用曰：「凡學槍，先以進退身法步法與大小門巷、巷串手法演熟，繼以六眞八母、二十四勢的廝殺，使手能熟，心能靜，心手與槍法混而化溶，動則裕如，變不可測。但施於陣上，則伸縮騰挪之機，少稱不便，故花法不必習，習亦無用也。」

戚繼光《紀效新書》卷十長兵短用說篇之長槍總說曰：「非簡無以解亂分糾，非疏無以騰挪進退。左右必佐以短兵，長短相衛，使彼我有相依之勢，得以舒其氣，展其能，而不至於奔潰。兵法曰：氣盈則戰，氣奪則避是已。」

④閃戰：當為「閃賺」之意。顧盼也。楊家三十二目演進為「一纛搖又轉」的中軸「俯仰斷接」之能。

二水按：「閃賺」本義為元曲宮調。元人芝庵《唱論》云：「大凡聲音，各應於律呂，分於六呂十一調，共計十七宮調：仙呂宮唱，清新綿邈；南呂宮唱，感歎傷悲；中呂宮唱，高下閃賺；黃鍾宮唱，富貴纏綿……」

查張相《詩詞曲語辭彙釋》：「閃，拋撇之義。」賺，唱賺之意。唱賺是宋代的一種說唱藝術，常用「平仄韻通葉的變化」，極具煽情之能事，頓收提放，抑揚快慢，也許能騙取觀衆的眼淚，於是就產生了「誆愚人」一說。

陳鑫的論著裡，「閃賺」成了《搗手三十六病》中之兩病：其一，躲閃（躲閃者，以身躲過人手，欲以閃賺跌人也）；其二，閃賺（閃賺者，是誆愚人而打之）。程沖斗《棍法圖說》云：「閃賺者，手固步小，推棍入彼懷中，左拿閃右，右拿閃左。莫可測度，不至犯硬……斯法也，其機玄，其旨奥。非心精思巧者，不能造。非功深力到者，不可言。」

刀法①

裹剪腕，外剪腕，挫腕，撩腕。

【注釋】

①啓軒本作「四刀法」。此節，列在第二章十三勢架中的第五節。

啓軒本另有十三刀，列在第二章十三勢架中的第三節中。名目如下：按刀，青龍出水，風捲殘花，白雲蓋頂，背刀，迎墳鬼迷，振腳提刀，撥雲望日，避刀，霸王舉鼎，朝天一炷香，拖刀敗勢，手揮琵琶。

二水按：五公山人王餘佑編著《太極十三連環刀譜》，內載「太極連環刀母」六路，徐哲東先生曾說：「乙太極為者，用於技擊，始見此書。」

王餘佑（一六一五—一六八四年），字介祺，保定新城人。一六四四年，甲申國變，王餘佑歸隱易州（今河北易縣）五公山，自號五公山人，後流寓獻縣，教學生以忠孝，務實學，兼文武。一六四四年之後，五公山人已經摒棄了迂腐的陳見，率先將聖人之學「太極」與武技相結合。

王餘佑自述，平生性不平，好武健，生來一點血性，不肯以塗朱傅粉爭妍取憐於世人。時或居家鬱悶，一室叫跳，鬚眉如刀槊立，倚天而號，提劍而舞，擊節徘徊，欲歌欲泣。

王餘佑在新城時，李恭將他車迎至家，傳授槍法刀法。他的刀法要領有云：「吾之用，刀以刀引刀……刀動力隨，雖不用力，而力自在矣。吾之用刀，力在筋骨，骨軟筋硬，周身氣脈相連，而周身氣力全在刀上，雖不用力於刀，而力自在刀焉。如水銀之在竹筒中，運之則至首，收之則至尾。」

孫祿堂先生的《形意拳學》成書於民國四年（一九一五年），首序為國學大師趙衡先生所作。

趙衡，字湘帆。直隸冀州（今河北冀縣）人。生於同治四年（一八六五年），卒於一九二八年。著《敘異齋文集》等。從他的序言看來，湘帆先生亦精通武學，「世俗所傳綿掌，八極十二節，充其量不過一匹夫之所能」「專事吐納導引，若五禽、八段錦，造次敵至手足無措，又無以應變」等俱非隔行之論。之後，趙衡先生發現他所看到的孫祿堂先生的形意拳，與他記憶中的五公山人的拳術有著相通之處，他說：「往歲某見有寫本《五公山人》。新城王餘佑所著刀法拳術。心竊好之，而未暇錄福以存。曶曶今二十年，十三刀法已梓行，不復能憶其拳術，亶憶其主要曰：意、氣、力，而力不自力，他人之力皆其力，道在用藉，極其所至，撼山灑海，軒柱天地，凡意氣之所至，皆力之所至。」

由此推算，湘帆先生當在一八九五年前後，見過寫本《五公山人》一書。其時，先生年當而立，值博聞強記之時，雖「不復能憶其拳術」，「亶憶其主要」，也足可採信焉。

「而力不自力，他人之力皆其力，道在用藉，極其所至，撼山灑海，軒柱天地，凡意氣之所至，皆力之所至」一節，俱與內功拳理相契合。

搶　法①

平刺②心窩，斜刺膀尖，下刺腳面，上刺鎖項。

【注釋】

①搶法：原文誤作「搶法」，當為「槍法」。啓軒本作「四杆法」，列在第二章十三勢架中的第六節中。篇末衍益：「以上刀法杆法，俱用第一節身法，總要講究跟勁。」啓軒本另有十三杆，列在第二章十三勢架中的第四節中。名目如下：掤一杆，青龍出水，童子拜觀音，餓虎撲食，攔路虎，拗步，斜劈，風掃梅，中軍出隊，宿鳥入巢，拖杆敗勢，靈貓補鼠，手揮琵琶勢。

②刺：應為「刺」字。後同，不另注。

十三勢①，一名長拳，一名十三勢

長拳者，如長江大海，滔滔不絕也。十三勢者，掤②、攦③、擠④、按⑤、採、挒、肘、靠⑥、進、退、顧、盼、定也。掤、攦、擠、按，即坎、離、震、兌，四正⑦方也。採、挒、肘、靠，即乾、坤、艮、巽，四斜角⑧也。此八卦⑨也。進步、退步、左顧、右盼、中定，即金、木、水、火、土也，此五行⑩也。合而言之，曰十三勢⑪。

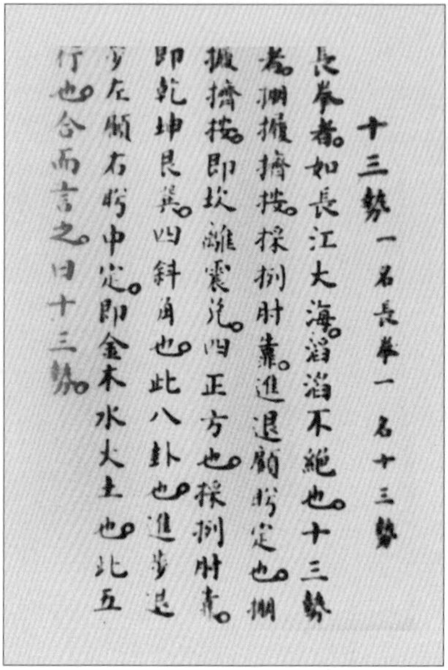
十三勢 一名長拳 一名十三勢

長拳者。如長江大海。滔滔不絕也。十三勢者。掤攦擠按。採挒肘靠。進退顧盼定也。掤攦擠按。即坎離震兌。四正方也。採挒肘靠。即乾坤艮巽。四斜角也。此八卦也。進步退步左顧右盼中定。即金木水火土也。此五行也。合而言之。曰十三勢。

【注釋】

①十三勢：此節啓軒本題「太極拳釋

名」，列太極拳譜第一章。篇末有衍益：「是技也，一著一勢，均不外乎陰陽，故又名太極拳。」

徐哲東、唐豪兩先生都確證此篇係武禹襄得自鹽店太極拳譜，係王宗岳原文。

徐哲東以為王宗岳之太極，其理法統於掤、攦、擠、按、採、挒、肘、靠、進、退、顧、盼、定十三字中，是王宗岳以太極拳理法，改造陳溝舊有長拳套路的明證。

唐豪以為，此篇係王宗岳原文，而王宗岳即「少時自經史而外，黃帝老子之書及岳家言，無所不讀」，館於汴洛間，跨越黃河，學拳於陳溝的山右王先生。

二水以為，兩先生以此文，將王宗岳與陳溝嫁接起來，旨在佐證各自在太極拳史論所持的觀點，有「先判後審」之嫌，無論是王宗岳改造了陳溝，還是王宗岳從學於陳溝，兩家觀點，皆證據不足，不予採信。

②掤：太極拳基本勁別之一。

二水按：戚繼光《紀效新書》卷十之長兵短用說篇，綜合楊家梨花槍、沙家竿子、馬家長槍的特點，編著六合之法並二十四勢繪錄。二合云：「我掤退救護拿你槍，你紮我，我攔下，我搖花槍，乃鳳點頭」；四合云：「先有白拿槍，掤退槍救護，後有白攔進步，如貓捉鼠救護。閃賺是花槍，名曰鐵掃帚」「我白拿進步，上紮你，你拿槍還槍，我掤退救護拿槍。」

新都程沖斗（今安徽黃山休寧人）編著《秘本長槍法圖說》，其中「長槍勢圖目」中，就有：「活掤對進槍勢、活掤對退槍勢、死掤對槍勢、翻身掤退槍勢」四勢，另外，在「青龍獻爪槍勢」「勾槍勢」「鐵牛耕地勢」等圖目的文字解釋中，都出現有「掤」字。

吳修齡《手臂錄》卷二馬家槍二十四勢說之蒼龍擺尾勢云：「古訣云，乃掤退救護之法，電轉風回，驚破梨花閃賺」「彼若單殺手來，我掤起即勝」，白猿拖刀勢後，吳修齡批語云：「戚公雲回伏之槍，俱是誘我發戳，彼即掤起還槍。此勢不能發戳。」另青龍獻爪勢批語、鷂子撲鵪鶉勢、跨劍勢等古訣中均有掤法。《手臂錄》卷四之行著篇，吳修齡對「掤法」相關的術語做了簡要的解釋：「掤：揭之大者，從下而起」「掤靠：拖刀勢。誘敵戳來，我從下掤起其槍，反戳。」另有「活掤對」「死掤對」「活掤退」、「翻身掤退」等的釋義。另附錄《程沖斗十六勢槍勢》也多有「掤法」介紹。

從現有資料，可以梳理一下簡單的脈絡：戚繼光六合槍法與二十四勢，雖然無法確證一定就是吳修齡《手臂錄》之馬家槍二十四勢說，但是從戚繼光《紀效新書》長兵短用說篇來分析，確實是繼承了馬家槍法。程沖斗的《秘本長槍法圖說》以及吳修齡編著的《程沖斗十六勢槍勢》，側重「掤法」，這一點與《手臂錄》馬家槍二十四勢說一脈相承。

吳修齡《手臂錄》馬家槍二十四勢說云：「馬家槍本帶棍法」，吳修齡評批程沖斗，更是不留臉面，青龍獻爪勢後的批語云：「此敬岩、眞如秘奧。沖斗以活掤對等，為此勢救手，總是手太猛，足不進耳。」。《手臂錄》卷四之行著篇中在釋義「活掤對」「死掤對」「活掤退」「翻身掤退」「鉤槍勢」後，按語云：「前此五法皆出斗沖。前四勢已疏，鉤槍更謬。留此以破執迷者，非槍法也。」就吳修齡的識見而言，此掤法都係棍法，與槍法無涉。

二〇〇四年五月，二水遊黃山得程沖斗《少林棍法闡宗》明抄本之複本。該抄本字跡工整，圖勢繪工精到。裝訂線內有「侄子頤抄本頓首撰」字樣。此本雖不能確證由程子頤手抄，但從紙張、文字、裝幀等綜合分析，應係程子頤輩幫助程沖斗編印《少林棍法闡宗》時的抄本之一。

此書之「鐵牛耕地勢」云：「鐵牛耕地甚剛強，掤上打下最難當，撲鵪鶉來硬打硬，莫若變勢另思量」；「黑風雁翅勢」云：「雁翅先勾圈外槍，鎖口劄來掤打易」；「霸王上弓勢」云：「上弓掤打雁翅同，須知左足虛實異。若從圈裡賺外穿，惟有纏攔是救地。」三處的掤字，皆寫作「㨻」。「㨻」字《康熙字典》不見收錄，或許是程子頤輩在手抄時，據形聲合造的字體。至於「掤」，究竟是念「ㄅㄧㄥ」還是「ㄆㄥˊ」，或是「ㄅㄥ」，這些或許並不重要。但是，掤法等四正技法出自槍棍等技法，這一點無可置疑了。

③擴：太極拳基本勁別之一。

二水按：楊澄甫老師《太極拳使用法》攬雀尾之擴法云：「將右足向右前邁出，曲膝踏實，左腳變虛，身亦同時向右拗轉。眼隨往前看，左右手同時圓轉，往前出動，右手在前，手心側向裡，左手在後，手心側向下。轉至右手手心向下，左手手心向上時，速將我右腕裡面貼彼肘上臂部外側，左腕外面貼彼肘下臂部外側，全身坐在左腿，左腿變實，右腳變虛，往我胸前左側擴之，則彼之身法即隨之傾斜矣。」

這段文字，拳勢至「右手在前，手心側向裡，左手在後，手心側向下」，通常在楊老師學生所著述的書中，皆作攬雀尾掤勢（即右掤），而後面的一段才被稱作是攬雀尾擴勢。而在行拳走架中，這兩節其實是一氣呵成的，像是按著筆劃順序在寫8字，這兩節其實只是起筆由左而右，再由右而左，兩手一翻一覆，畫了半個∞字而已。楊澄甫老師將這半個8字，統稱為攬雀尾之擴。

這一技法，二水以為與吳修齡輯編、由少林僧洪轉編著的《夢綠堂槍法》之槍法八母之「擄」勢的技法要領極為相近：「我立高勢，彼於圈裡紮我膝腳，我兩手離胸，前手一覆，後手一仰，腰力向前一擺，擄開彼槍於圈裡，就勢將彼手壓下，前手抬上，紮彼心穴。」吳修齡在《手臂錄》卷二之「革法」中，對「擄」有進一步的闡述：「滄塵子曰，封、閉、提、拿，古人立此四法，非獨攝盡諸法，亦欲人知上下來槍，皆同於無，而專注力於中平之封閉也。洪轉補之以『擄』，而又加攔、還、纏，以為八槍母。夫『擄』，即提之次。」滄塵子係修齡自號。在同書卷一之「圓圈分形詳注」中，合計十三形槍勢圓圈，有兩形提及「擄」法。

民國十八年出版的禹城傅秀山編著的《捷拳圖說》十二字訣云：「弔擄者，沉潛之勢也。先賢謂沉機以觀變，潛行以觀理，窮理以接物。拳術的弔擄手，乃順敵手之來，我乃以手弔之擄之，故能乘敵人之勢以應之。敵之來勢愈猛，其仆也愈快。其跌也愈遠矣。」弔，吊之俗體字。《夢綠堂槍法》提擄並論，《捷拳圖說》吊擄合議，而《太極拳使用法》，則掤擺合一矣。「乘敵人之勢以應之。敵之來勢愈猛，其仆也愈快。其跌也愈遠矣」，則與太極拳「擺」之含義全然相吻合。

明程沖斗曾從少林僧洪轉習少林棍法，《少林棍法闡宗》云：「師年逾八十耆老，棍法神異，寺衆推尊。」程沖斗《秘本長槍圖說》之八母槍在表述上，與吳修齡《夢綠堂槍法》之槍法八母不同：「槍以八名者何?蓋以圈裡槍、圈外槍、圈裡底槍、圈裡高槍、圈外低槍、圈外高槍、吃槍、還槍八著故名」「如習書家，有先習永字之說，亦以永字八法皆備，而餘字不外此八筆法耳。明於習永字者，即明八母槍之說。」雖然表述不一，因為傳承一致，內裡還是有很多共同之處。

在《秘本長槍圖說》「六合原論並注」中有載：「你圈外紮我腳，我擼槍」，在此書「散紮拔萃」中有云：「擼槍，勢如提槍，破你圈外紮我腳用者，用法具提槍圖中」。圈裡圈外，兩者恰反。

擼、擄同音。況且，洪轉為少林僧，沖斗、修齡皆江南人，音轉音訛也自難免。再者，沖斗直接得到洪轉之親炙，沖斗親聆師命之時，洪轉已界八秩，而修齡小沖斗五十足歲，自然無法得到洪轉之熏炙。由此，兩者雖然同脈相承，在文字表述上的這些差異，自不足為奇。吳修齡《手臂錄》馬家槍二十四勢說中，評述沖斗之「擼」時，吳修齡皆寫作「擄」。無論擼或擄，雖然都契合於太極拳的此則武技特徵，但是，倘若以擼、擄二字，進入太極拳理論界，或許依然替代不了人們心中「攌」的地位。所以，衷心希望有一天，我們能在手機電腦的輸入法中，輕輕鬆鬆地錄入魅力無窮的攌字來；也希望有朝一日，在我們的字典裡也能收錄掤、攌諸字的太極拳發音及含義。

④擠：太極拳基本勁別之一。

二水按：陳微明先生《太極拳術》第四圖，採用楊澄甫中年拳照，釋文曰：「（承攌勢）右手隨動，手心隨轉，向上向內，左手隨動，手心隨轉，向下向外，左手心距離右手脈門二寸許（此即擠），兩手同時向西擠出」，許禹生《太極拳勢圖解》之攬雀尾式圖二，採用楊澄甫中年拳照勾勒成圖，倘與陳微明先生《太極拳術》第四圖對比參照，神形俱似。其圖解曰：「進右步，向右方，同時右臂曲肱向外前擠，垂肘，大指約對鼻部，右腿隨同前屈。」文辭稍簡約，文義亦同。

楊澄甫老師《太極拳使用法》第三節之「攬雀尾擠法」，圖片採用楊澄甫老師晚年拳照，拍攝角度、動作階段均與其中年拳照同，而間架氣勢與中年大異，其磅礴氣勢，非中年拳架堪比。圖片說明云：「由前勢，設敵人往回抽其臂，我即屈右膝，右腳變實，左腿伸直，左腳虛。腰身長起，隨之前進，眼神亦隨往前略往上看去；同時速將右手心翻向上向裡，左手心翻向下，合於我之右腕上，乘其抽臂之際，往出擠之，則敵必應手而跌矣。」此文與陳微明先生《太極拳術》如出一轍，而文辭更為精確。踏位後，先在心，後在身。由腿而腰而身而手，一一加以詳解細說。

令人生疑的是，上述三本所摹狀之動作，在二水看來，酷似他本攬雀尾之右掤勢。難怪鄭曼青《鄭子太極拳自修新法》之「攬雀尾擠」，在描述此動作後，加注「若右掤式」四字，可見這一疑慮也同樣困擾著鄭曼青先生。

無獨有偶，吳志青《太極正宗》第十一圖文字說明中，謂此係攬雀尾第八動式（右掤係第六動式），「同時左腳伸直，右腳彎曲，兩臂同時順身勢向西掤出。兩手仍如捧球狀」云云，乾脆不講擠勁，只重複講「右掤式」了。

種種疑惑，在田兆麟老師口述，陳炎林編著的《太極拳刀劍杆散手合編》中，得以一一釋疑。此書掤、㨃、擠、按各各單獨作為太極拳架勢名稱，列入他的太極拳名稱中。是書第六勢「擠」云：「㨃之勁將盡時，右手掌隨轉翻向胸部（較掤式為低），左手掌貼於右肱內部（左手臂較掤式為平），隨腰腿勢，兩臂向前擠出。屈右膝成弓步，右步實，左步虛，沉肩垂肘，虛靈頂勁，含胸拔背，眼神前視，尾閭中正，氣沉丹田。」右手掌較掤式為低，左手臂較掤式為平，一低一平，兩手合做擠壓之勢，就與右掤勢之向上向外的「掤退救護拿槍」勢截然不同了。

其實，與掤、㨃一樣，擠勁也同樣源出自槍法。吳修齡《手臂錄》卷二「行著」之「擠」條云：「擠：敬岩楊六郎鎮守邊牆勢中，開槍手法也。兩腕略轉向右，下纖月形。」卷一之「圓圈形分詳注」中載：「擠作此形，左畔少，纖月形也。近身處，關係重，不可用巧法也。只用左偃月。」

吳修齡《器王正眼無隱錄》之「遊場革法」載：「擠：扳欄窺井手法。」紆，「纖」

之異體字。倘若徒手做槍勢，依照上述動作要領一一比劃，不難發現，身形手勢儼然是左手掌翻向胸前，右手臂貼向左臂的左擠式。這左擠式，常見於推手訓練之四正規矩手中。

⑤按：太極拳基本勁別之一。

二水按：許禹生先生《太極拳勢圖解》之「推手術八法釋名」中，沿用《康熙字典》之「按」條目下的辭意，云：「《說文》下也。《廣韻》抑也。《梁・文帝箏賦》陸離抑按，磊落縱橫。《爾雅・釋詁》止也。《史記・周本紀》王按兵毋出。《詩・大雅》以按徂旅。釋遏制也。《前漢・高帝紀》吏民皆按堵如故。注：按次第牆堵，不遷動也。又據也。《史記・白起傳》趙軍長平，以按據上黨民。又撫也。《史記・平原君傳》毛遂按劍，歷階而上是也。又按摩也。古有按摩導引之術，《前漢・藝文志》黃帝岐伯按摩十卷。蓋太極拳術，遇敵擠進時，用手下按，遏抑以制止之，使不得逞，謂之按。」

姚馥春、姜容樵《太極拳講義》一書「推手八字訣」之「按」字釋義中，雖然沒有全文蹈襲許禹生先生所沿襲的《康熙字典》字義，只是有目的地引用了幾條注解，云：「按，抑也、據也、捺也。《管子》按強助弱。《史記》王按兵毋出。《漢書》黃帝時岐伯著按摩十卷。《唐書》太醫署有按摩博士。太極拳遇敵襲擊時，用勁抑按敵人各部，使其勁失效，曰按。」

兩書將「按勁」訓為「遏制對手勁勢，使不得逞」，在這一點上，雖然文字表述不同，內在含義卻驚人的相似。姚、姜本「按，捺也」釋義，則為公開出版的諸本太極拳譜之先。按、捺音近，詞意也有共通處。

一九三三年四月，開封開明書店出版陳鑫編著的《陳氏太極拳圖說》卷首，標題為《七言俚語》云：「掤擴擠捺須認眞，引進落空任人侵，周身相隨敵難近，四兩化動八千斤。」「掤擴擠按」之「按」也作「捺」。陳鑫沿襲形意拳譜九要論，而作《三三拳譜》或《剛柔十要論》，也都將「按」寫作「捺」。之後陳家兩儀堂本拳譜、陳績甫《陳氏太極拳匯宗》、陳子明《陳氏拳械彙編》之《擠手歌訣》等，所謂「據別本抄錄」，「按」字也作「捺」。

捺之本義，手重按也。為書法基本筆劃之一。明人潘之淙《書法離鉤・八磔》云：「捺之祖，磔法也，今人作捺」「微斜曰捺」「其法首搶起，中駐而右行，末駐筆蹲鋒，如蘭葉之狀，皆含蓄而不露，最為高也」「有欣字燕尾者，乃急就章之波法也。如水自泉口流出，其下遇石激而過，故曰激石波也。」

吳修齡《手臂錄》卷二馬家槍二十四勢說之「鐵牛耕地勢」云：「此勢手法有二：硬槍搗碓而入，軟槍捺彎而入。」「捺彎」之意，似借用書法磔法。

一九三三年上海作者書社出版的由胡遺生編著《字門正宗》一書，將「殘、推、援、奪、牽、捺、逼、吸、貼、攏、圈、插、拋、托、擦、撒、吞、吐」列為「字門十八字藝」。書中每字皆有圖解。其中捺字圖注云：「捺者，按也。乃演吾手練就一股沉勁，至手堅緊，隨按不離，交手切莫離身，彼左亦左，彼右亦右，就其虛動之勢，隱撒推疾去其速也。」可證，「按」「捺」之演繹為拳藝技法，也由來已久。

⑥採、挒、肘、靠：挒，啓軒本誤作「列」。

二水按：掤擸擠按，在太極拳技法要領中，是身法相對於手腕的動作，所以，從腿、胯、肩三個氣圈所構成的陰陽球體而言，是整個球體呈現完整的運動形式，而採挒肘靠，則是身法相對於手腕的過程中，另有肘部動作的參與，使得腿、胯、肩三個氣圈在運動過程中，有腿胯圈不動，肩圈隨肘擰扭四十五度的運動方式。像是魔方，下面兩層不動，上層扭轉四十五度；而在拳技中，腿胯圈不動，肩圈隨肘擰扭四十五度並不只是平面的四十五度，而是立體多方位的扭轉四十五度。從這個層面上而言，掤擸擠按，可以脫胎於槍棍技法，而採挒肘靠，則更顯示拳法的純粹特徵。這也是四隅勁變化最多，也最有魅力之所在。

《孫子兵法・勢篇》：「凡戰者，以正合，以奇勝。故善出奇者，無窮如天地，不竭如江海……戰勢不過奇正，奇正之變，不可勝窮也。奇正相生，如循環之無端，孰能窮之哉。」推手中，四正四隅也如循環之無端，不可勝窮也。

⑦四正：文王八卦，坎北、離南、震東、兌西，表述的是四個正方的方位。

⑧四斜角：文王八卦，乾西北、坤西南、艮東北、巽東南，表述的是四個斜角的方位。

⑨八卦：文王八卦所表述的易理，側重的是易理中氣的流行不已。有流行，其象數必對待而不移；有對待，其氣運必流行而不已。上下相綜，剛柔相摩。

⑩五行：天地間流行不已的氣，陰陽家用金、木、水、火、土五種屬性明顯的物質，來表述氣流行過程中所呈現的態勢與特質。

⑪十三勢：八卦、五行並非簡單相加，八卦，是用來描述氣的流行對待主宰之理，而五行，則是描述氣在流行過程中的不同狀態。所以，八卦之中，每一卦象皆一一可以析解成五行。拳勢之中也一樣。掤、攦、擠、按、採、挒、肘、靠，表述的是每一拳勢在相對靜態的狀態下，所呈現出來的最為基本的勁別。而這些基本勁別，一旦與步法結合，就會有進、退。每一拳勢，綜合進退，再與眼耳身意結合，便會有顧、盼。掤、攦、擠、按四正，與採、挒、肘、靠四隅，在拳勢的每一動作的演進中，相互可以耦合，產生更為豐富的勁路變化，這些勁路變化，與身法、步法、眼耳神態的結合，且處處不離身形的中定，便能演進為如長江大海，滔滔不絕的長拳。這長拳，歸根結蒂，依然是八卦五行的十三

勢。

唐豪以為：王宗岳《太極拳論》與此篇內容思想一貫，《太極拳論》云：「太極者，無極而生」，本周敦頤《太極圖說》，周又本老子有生於無。此篇以五行釋進、退、顧、盼、定，可見同本周說。以八卦釋掤、攌、擠、按、採、挒、肘、靠，本《易繫辭》。《陰符槍譜》敘稱：宗岳少時自經史而外，黃帝老子之書及岳家言，無所不讀。《太極拳論》以太極兩儀立說，此篇以八卦、五行立說，余故斷此篇為王宗岳所作。

徐哲東《太極拳考信錄》太極與長拳十三勢合一說第五曰：欲知陳溝之拳，初不名太極。只就譜中太極一名長拳，一名十三勢數言，可以證知，以太極拳之架勢言，並不止十三。惟掤、攌、擠、按、採、挒、肘、靠及進、退、顧、盼、定，合之為十三勢。故在陳氏拳術歌訣中，除打手歌有掤、攌、擠、按四字，其餘歌訣文辭中，未見以採、挒、肘、靠連言。可見王宗岳因過陳家溝而授拳之說，亦屬可信。

陳氏只得王宗岳之口授，故僅記打手歌，其他文篇或均未帶往，故未予陳氏，或尚未撰成，亦未可知。事雖無可考，理不外乎是矣。陳氏所得於王宗岳者，蓋僅為拳術運用之理法，王宗岳蓋亦以陳氏自有拳架，無須另起爐灶，只就其本有之拳架，去其不合，刪其繁重，有加有改。故陳氏之太極拳，其拳架仍自舊有者化出，名目亦多從舊。王宗岳之太極，其理法統於掤、攦、擠、按、採、挒、肘、靠、進、退、顧、盼、定十三字中，故陳氏又名曰十三勢矣。

何以又名曰長拳？則以王宗岳所改定者，必原名長拳，證以今陳溝但有長拳之歌訣，其拳套已失傳，可見長拳經王宗岳改定後，學者皆習改定之太極，不復肄習原有之長拳。然而，太極拳架既出於長拳，故有太極又名長拳之說。凡此所云，雖出推論，然皆於理可通，於文可質，於傳說及事情，咸能吻合，則亦悉有根據，非憑臆之談矣。

二水按：徐哲東、唐豪兩位近代太極拳史論界的前輩，各自徵收資信，互通有無，相互之間各抒己見，互有點贊，又唇槍舌戰，他們開疆闢野，開創了太極拳史論研究的疆域。但各自或囿於一隅，或各執一端，尺有所長，寸有所短。

唐豪將寫《太極拳論》的王宗岳與寫《陰符槍譜》的山右王先生合二為一。徐哲東先生附會其說，反過來讓王宗岳也跨越天塹，往返黃河南北，授拳於陳溝，用十三勢理法，一統陳溝原先舊有的長拳拳套，「事雖無可考，理不外乎是」「凡此所云，雖出推論，然皆於理可通，於文可質，於傳說及事情，咸能吻合，則亦悉有根據，非憑臆之談矣」。唐豪「大概不算十分武斷」在前，徐哲東「言辭篤篤」在後。從嚴格證據學角度而論，兩人的論據，都缺少環環相扣的證據鏈接。

十三勢行工歌訣①

十三總勢莫輕識，命意源頭在腰隙②。

變轉虛實須留意，氣遍身軀不稍癡。

靜中觸動動猶靜，因敵變化是神奇。

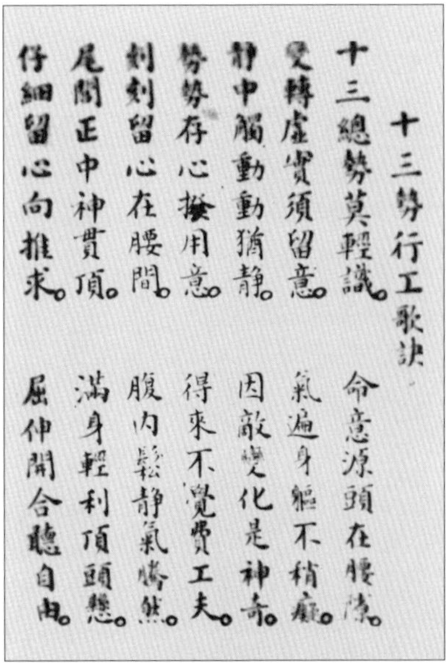

十三勢行工歌訣

十三總勢莫輕識。命意源頭在腰隙。
變轉虛實須留意。氣遍身軀不稍癡。
靜中觸動動猶靜。因敵變化是神奇。
勢勢存心揆用意。得來不覺費工夫。
刻刻留心在腰間。腹內鬆靜氣騰然。
尾閭正中神貫頂。滿身輕利頂頭懸。
仔細留心向推求。屈伸開合聽自由。

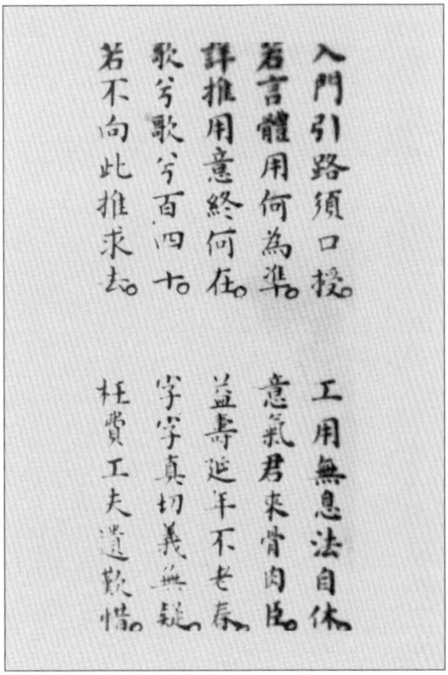

入門引路須口授。工用無息法自休。
若言體用何為準。意氣君來骨肉臣。
詳推用意終何在。益壽延年不老春。
歌兮歌兮百四十。字字真切義無疑。
若不向此推求去。枉費工夫遺歎惜。

勢勢存心揆用意，得來不覺費工夫。
刻刻留心在腰間③，腹內鬆靜氣騰然。
尾閭正中④神貫頂，滿身輕利頂頭懸。
仔細留心向推求，屈伸開合聽自由。
入門引路須口授，工用無息法自休。
若言體用何爲準，意氣君來骨肉臣。
詳推用意終何在，益壽延年不老春。
歌兮歌兮百四十，字字眞切義無疑。
若不向此推求去，枉費工夫遺歎惜。

【注釋】

①十三勢行工歌訣：啓軒本列入第四章歌訣之第二節，題作「十三勢行工歌訣」。徐哲東將此篇列入王宗岳原譜。張士一以為，此譜或係作於王宗岳太極拳論之前。唐

豪以為，此譜應該是某「後學」，傳得王宗岳學自陳溝長拳十三勢及推手之後，再復得王宗岳《太極拳論》《太極拳釋名》《打手歌》等，自己編寫的，應該是武禹襄得自舞陽鹽店太極拳譜中的內容，但不是王宗岳或王宗岳之前的文字。

唐豪說：「陳長興生於一七七一年（乾隆三十六年）八月十六日巳時，卒於一八五三年（咸豐三年）三月三日戌時。不獨其弟子楊福魁未學長拳，其子耕耘，其孫延熙，其曾孫發科，俱未學長拳。此余斷長拳在陳長興時，已不傳之證也。與長興同輩之陳有本，不獨其弟子陳清平未學長拳，其侄仲甡、季甡、仲甡子鑫，俱未學長拳。此余斷長拳在陳有本時，已不傳之證也。陳溝之長拳十三勢譜，同見於文修堂本及兩儀堂本。堂本內，槍譜題有『乾隆乙未梅月前一日重抄錄』十二字。前於長興四年，原抄當在長興出生之前。王宗岳足跡不出黃河之南，可證長拳十三勢在乾隆時代已由溫縣陳溝外傳。一九三六年，山西洪洞年近古稀之樊一魁著長拳圖譜，自敘源流乃河南郭永福所傳。郭於乾隆年間保鏢來洪。在洪羈留多年，傳藝於賀家莊賀懷壁。後賀傳流南北，皆是口傳心授，按照前軌。樊一魁童年時習拳於萬安鎮楊如梅及喬柏金，係藝中名手，實為郭師永福之嫡派。其譜與文修堂本無甚出入，足證乾隆時代陳溝外傳之長拳十三勢及推手，有全傳者，有不全傳者。而宗岳則得其全傳。十三勢之後學於黃河之南，復得宗岳《太極拳論》《太極拳釋名》

《打手歌》，益以已作《十三勢行功歌》，此舞陽鹽店譜之內容也。張士一疑此歌作於宗岳太極拳論前，愚以為未得其實。使作歌者為宗岳傳人，豈有一字不涉及長拳者乎？」

二水按：唐豪對於王宗岳精於長拳十三勢及推手，耿耿於懷，而陳溝卻未見有長拳十三勢，也沒有推手，於是他乾脆將王宗岳羅列在陳溝門下，認為是陳溝某位先人，在乾隆時代，就將長拳十三勢及推手，外傳給了王宗岳。因為王宗岳精於長拳十三勢及推手，而此歌訣沒有一字談到長拳，進而，他否認此譜係王宗岳所著。另一方面，他又斤斤於長拳的「長」字，並以此之「長」，套山西洪洞之「長」，於是他斷論陳溝在陳長興、陳有本時已經不傳了的一〇八勢，在乾隆年間，由河南鏢師郭永福將此傳入山西洪洞縣的賀家莊，改名為通背拳。這種貌似嚴密的邏輯推理，顯然只是臆測而已，不足採信。

家師慰蒼先生在《幾個有關太極拳歷史考證問題的科學探討》之五、《關於楊式太極拳長拳》《〈陳長興太極拳歌訣、總歌〉出自〈洪洞通背拳圖譜〉》數篇文章中，一再指出：

陳溝《拳械譜》中的所謂「一百單八式長拳」，洪洞縣《忠義拳圖稿本》中的所謂「通背拳」，都不是王宗岳《太極拳譜·太極拳釋名》節中所說的「太極拳一名長拳」的長拳。一九三六年，山西洪洞縣榮儀堂石印樊一魁編著的《忠義拳圖稿本》，從卷一逐勢繪圖的通背拳圖譜來看，它的歌詞名稱，和徐哲東一九三四年九月在南京從陳子明處借來抄錄下來的兩儀堂本《拳械叢集》中的拳勢總歌、文修堂本《拳械譜》中的拳勢總歌一百單八勢，唐豪一九三一年在陳溝從陳省三（一八八〇—一九四二年）處抄錄來的三省堂本《拳械譜》中的長拳歌，以及一九二五年一月油印，陳子明集編的《陳氏世傳拳械彙編》中的長拳歌訣，除了個別詞句和文字稍有出入以外，其餘部分都完全相同。

樊一魁在《通背拳圖譜》自序中說的「此拳乃河南郭永福所傳」「郭在少林寺曾受藝」「郭於乾隆年間保鏢來洪，在洪羈留多年，傳藝於賀家莊賀懷璧，後賀留傳南北，皆是口傳心授，按照前軌」「樊一魁童年時習拳於萬安鎮楊如梅及喬伯僉，係藝中名手，實為郭師永福之嫡派」等云云，這些，顯然是編著者在簡樸地介紹他所知道的這套「通背拳」的歷史淵源和授受情況，並沒有繪聲繪色地來形容這套「通背拳」有什麼了不起的地方，也沒有假藉什麼有名拳種或新興拳種的時髦名稱。

因此，唐豪所稱的「隨便捏造」和「改名」的罪名，應該加不到編著者樊一魁身上去的。何況，二十世紀五〇年代，曾經傳說山西省洪洞縣高公村一帶，仍舊還有人會練這套「通背拳」……

另外，把祖傳長拳的技法和姿勢，與陳家溝十三勢長拳和戚繼光《紀效新書・拳經捷要篇》的三十二勢的圖解等，一一對照起來看，連名稱都大多相同。因此，可以認為，所有這些都是宋太祖長拳流傳下來的……

無論這套陳溝無傳的一百另八式的拳，叫「長拳」也好，「通背拳」也好，甚至還可以有更多的不同名稱。非常明顯，它和兩儀堂本中的「小四套亦名紅拳」（三省堂本作「四套此名紅拳」）一樣，是陳溝在什麼時候從外面什麼地方傳抄進來的拳譜，而絕不是王宗岳在《太極拳論・太極拳釋名》節裡所說的「太極拳一名長拳」的長拳譜。

②命意源頭在腰隙：十三總勢，是一卷「如長江大海，滔滔不絕也」的鴻篇巨著，是一篇「況陽春召我以煙景，大塊假我以文章」的大塊文章，其文字的立意根本，便在「腰隙」。

③刻刻留心在腰間：「腰隙」在哪裡？「腰間」又在哪裡？這一謎語，中醫的「命門」學說提供了答案：「乃一身之太極，無形可見，兩腎之中是其安宅」。

④正中：正，則不依。中，則無偏。尾閭在勁力傳導過程中起到的作用，相當於槍的瞄準器。倘若尾閭不能正中，身便散亂，身形便會有不得機勢處，必至偏倚。「解曰」中將病灶直指「其病必於腰腿求之」，腰腿間的問題，其實便在尾閭的正中與否。

二水按：尾閭的「正中」，與「打手要言」中「立身中正安舒，支撐八面」「解曰」

中的「立身須中正不偏，能八面支撐」的「中正」概念不同，拳技要領也不一樣。尾閭的正中，重在身軀之中，找尋「中」。而「立身中正安舒」的「中正」，則重在護守身形虛擬的「中軸」，在陰陽兩極間，適得其位，適得其時。中正之中，則重在身軀之外的把控。尾閭正中之「中」，是立身中正之「中」的基礎。

《三豐全集》卷四道言淺近說云：「大道從『中』字入門，所謂『中』字者，一在身中，一不在身中。功夫須兩層做：第一尋身中之中，朱子云『守中制外』，夫守中者，需要迴光返照，注意規中，於臍下一寸三分處，不即不離，此尋身中之中也。第二求不在身中之中，《中庸》云『喜怒哀樂之未發』，此未發時，不聞不見，賊愼幽獨，自然性定神清，神清氣慧，到此方見本來面目，此求不在身中之中也。以在身中之中，求不在身中之中，然後人欲易淨，天理復明，千古聖賢仙佛，皆以此為第一步功夫。」太極之「中」，契合大道之「中」，信矣。

打手要言。

解曰以心行氣。務沈著。乃能收斂入骨。所謂命意源頭在腰隙也

意氣須換得靈。乃有圓活之趣。所謂變轉虛實須留意也

立身中正安舒。支撐八面。行氣如九曲珠。無微不到。所謂氣遍身軀不稍滯也

發勁須沈著鬆靜。身注一方。所謂靜中觸動動猶靜也

往復須有摺疊。進退須有轉換。所謂因敵變化是神奇也

曲中求直。蓄而後發。所謂勢勢存心揆用意。刻刻留心在腰間也

精神提得起。則無遲重之虞。所謂腹內鬆靜氣騰然也

虛領頂勁。氣沈丹田。不偏不倚。所謂尾閭正中神貫頂。滿身輕利頂頭懸也

以運氣運身。務順遂。乃能便利從心。所謂屈伸開合聽自由也

心為令。旗氣為旗。神為主帥。身為驅使。謂意氣君來骨肉臣也

解曰身雖動。心貴靜。氣須斂。神宜舒。心為令。氣為旗。神為主帥。身為驅使。刻刻留意。方有所得。先在心。後在身。在身則不知手之舞之足之蹈之。所謂一氣呵成。舍己從人。引進落空。四兩撥千斤也。須知一動無有不動。一靜無有不靜。視動猶靜。視靜猶動。內固精神。外示安逸。須要從人。不要由己。從人則活。由己則滯。尚氣者無力。養氣

者比則彼不動已不動彼微動已先動以已依人務要知己。乃能隨轉隨接。以己粘人必須知人。乃能不後不先。精神能提得起。則無雙重之虞。粘依能跟得靈。方見落空之妙。往復須分陰陽。進退須有轉合。機由己發。力從人借。發勁須上下相隨。乃一往無敵。立身須中正不偏。能八面支撐。靜如山岳。動若江河。邁步如臨淵。運勁如抽絲。蓄勁如張弓。發勁如放箭。行氣如九曲珠。無微不到。運勁如百鍊鋼。何堅不摧。形如搏兔之鵠。神如捕鼠之貓。曲中求直。蓄而後發。收即是放。連而不斷。極柔軟。然後能極堅剛。能粘依。然後能靈活。氣以直養而無害。勁以曲蓄而有餘。漸至物來順應是亦知止能得矣。

又曰

先在心。後在身。腹鬆。氣斂入骨。神舒體靜。刻刻存心。切記一動無有不動。一靜無有不靜。視靜猶動。視動猶靜。動牽往來。氣貼背。斂入脊骨。要靜。內固精神。外示安逸。邁步如貓行。運勁如抽絲。全身意在蓄神。不在氣。在氣則滯。有氣者無力。無氣者純剛。氣如車輪。腰如車軸。

又曰

彼不動。已不動。彼微動。已先動。似鬆非鬆。將展未展。勁斷意不斷。

又曰

每一動惟手先著力。隨即鬆開。猶須貫串。不外起承轉合。始而意動。既而勁動。轉接要一線串成。氣宜鼓盪。神宜內斂。無使有缺陷處。無使有凹凸處。無使有斷續處。其

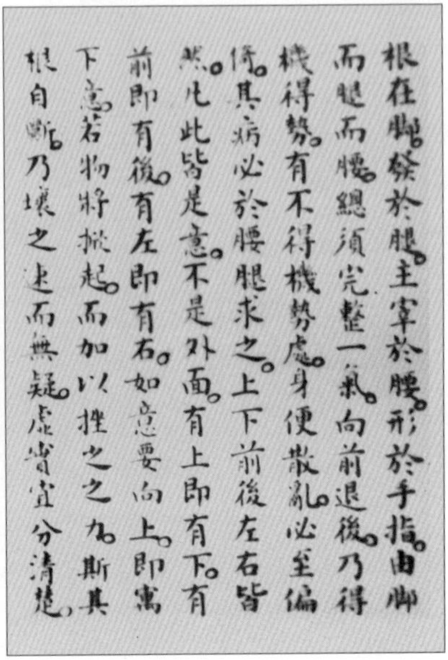
根在腳。發於腿。主宰於腰。形於手指。由腳而腿而腰。總須完整一氣。向前退後。乃得機得勢。有不得機勢處。身便散亂。必至偏倚。其病必於腰腿求之。上下前後左右皆然。凡此皆是意。不是外面。有上即有下。有前即有後。有左即有右。如意要向上。即寓下意。若物將掀起。而加以挫之之力。斯其根自斷。乃壞之速而無疑。虛實宜分清楚。

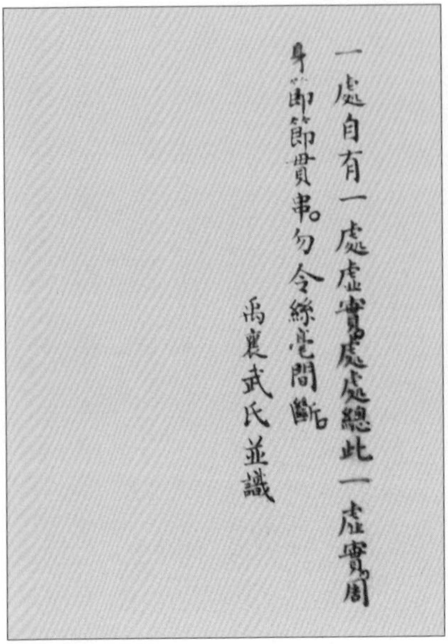
一處自有一處虛實。處處總此一虛實。周身節節貫串。勿令絲毫間斷。

禹襄武氏並識

打手要言①

解曰②：

以心行氣，務③沈著，乃能收斂入骨。所謂「命意源頭在腰隙」也。

意氣須換得靈，乃有圓活之趣。所謂「變轉虛實須留意」也。

立身中正安舒，支撐八面。行氣如九曲珠④，無微不到。所謂「氣遍身軀不稍癡」也。

【注釋】

①打手要言：啓軒本將此節題為「十三

勢行工歌解」，列入第六章河北永年李亦畬先生著述之三。從文字內容來看，顯然是對「十三勢行工歌」的解釋。

②解曰：啓軒本無「解曰」兩字。

③務：此本與啓軒本「務」字後脫「使」字。

④九曲珠：珠孔曲折難通的寶珠。典出孔子適陳，令穿九曲明珠，孔子依桑女言，用蜜塗珠，絲將繫蟻，用煙燻蟻，乃得以穿之。陸游《遊淳化寺》詩有云：「蟻穿珠九曲，蜂釀蜜千房。」後同，不另注。

發劢須沈著，鬆靜，專注一方。所謂「靜中觸動動猶靜」也。

往復須有摺疊①，進退須有轉換。所謂「因敵變化是神奇」也。

曲中求直，蓄而後發。所謂「勢勢存心揆用意，刻刻留心在腰間」也。

精神②提得起，則無遲重之虞。所謂「腹內鬆靜氣騰然」也。

虛領頂劢，氣沈丹田，不偏不倚。所謂「尾閭正中③神貫頂，滿身輕利頂頭懸」也。

以運氣運身，務順遂，乃能便利從心。所④「屈伸開合聽自由」也。心爲令，旗氣爲旗，神爲主帥，身爲驅使。謂「意氣君來骨肉臣」⑤也。

【注釋】

①疊：啓軒本脫「疊」字。

②神：「神」字後啓軒本衍「能」字。

③正中：啓軒本「正中」倒作「中正」。

④所：原文脫「謂」字。古人語意中，倘若「所謂」後面是成句，則是複說、引證他人言語。古人不屑於自語複說，也不屑於自證其說。此節十則「所謂」後的十句成句，一一出自「十三勢行工歌」。由此可證「十三勢行工歌」係武禹襄之前的「昔人」文字，非武禹襄言論。

⑤謂：原文脫「所」字。十句「所謂」中，後世拳學者對「意氣君來骨肉臣」句，誤解最深。後世學者，不知君臣綱常，或將語詞改作「意氣均來骨肉沉」，自作解人。其實武禹襄此則「心為令，氣為旗，神為主帥，身為驅使」，已將心、氣、神、身軀之間的君

臣綱常，闡述得至為詳盡。後文解曰中又反覆強調「先在心，後在身」。楊氏傳抄本「十三勢行工心解」中，整合武禹襄的解曰中注解「命意源頭在腰隙」「屈伸開合聽自由」語意，排比成：「以心行氣，務令沉著，乃能收斂入骨。以氣運身，務令順遂，乃能便利從心。」將意氣與骨肉之間的這對「君臣」關係，闡述得十分具有可操作性。

解曰①

身雖動，心貴靜。氣須斂，神宜舒。心爲令，氣爲旗。神爲主帥，身爲驅使②。刻刻留意，方有所得。

先在心，後在身。在身，則不知手之舞之，足之蹈之③。所謂「一氣呵成」「捨已④從人」「引進落空」「四兩撥千斤」⑤也。

【注釋】

①解曰：此節解曰，啓軒本題作「太極拳解」，列入第五章河北永年武禹襄先生著述之一。

②身雖動……身為驅使：《萇氏武技書》之講點氣云：「氣未動兮心先動，心既動兮氣即沖。」

③在身，則不知手之舞之，足之蹈之：趙岐、孫奭（ㄕˋ）《孟子注疏》離婁章句上，注孟子曰「樂則生矣，生則惡可已也。惡可已，則不知足之蹈之，手之舞之」句之疏云：「言由仁義之實充之，至於樂則流通而不鬱，日進而不已，是其樂則生，生則烏可已。烏可已，則得之於心，而形之於四體，故不知手舞足蹈之所以者也」。

④已：蓋「己」之筆誤。

⑤所謂……四兩撥千斤：此節「所謂」後的「捨己從人」「引進落空」「四兩撥千斤」三句，都能從「王宗岳拳論」「打手歌」「十三勢行工歌」中找到成句，可證「王宗岳拳論」「打手歌」「十三勢行工歌」都是在武禹襄之前的「昔人云」，這一點，在李亦畬的「走架打手行工要言」的「昔人云」中得到佐證。而「一氣呵成」句，卻找不到出

典，是否另有散佚之老拳論，存疑之。

須知：一動無有不動，一靜無有不靜。視動猶靜，視靜猶動。內固精神，外示安逸①。須要從人，不要由已②。從人則活，由已③則滯。

【注釋】

①內固精神，外示安逸：《萇氏武技書》之講出手云：「內實精神，外示安儀。見之如處女，奮之如猛虎。得吾道者，以一當百。」徐哲東以此語見諸《萇氏武技書》，而斷論此句係王宗岳原文，似有臆斷之嫌。其實，萇乃周此節文字語出《吳越春秋·勾踐陰謀外傳》「凡手戰之道，內實精神，外示安儀。見之似好婦，奪之似懼虎。布形候氣，與神俱往……斯道者，一人當百，百人當萬」句。

②已：蓋「己」之筆誤。後同，不另注。

③已：啓軒本作「自」。

尚氣①者無力，養氣②者純剛。

彼不動，已③不動；彼微動，已先動④。以已依人，務要知已，乃能隨轉隨接；以已粘人，必須知人，乃能不後不先。精神能提得起，則無雙重之虞。粘依能跟得靈，方見落空之妙。

【注釋】

①尚氣：尚，矜誇，自負之意。《禮記·表記》云：「君子不自大其事，不自尚其功。」尚氣，執著於氣，以此自曝、自誇、自負者也。

②養氣：典出《孟子·公孫丑上》：「其為氣也，至大至剛，以直養而無害，則塞於天地之間。」直養者，順養也，不將不迎，勿助勿忘者也。

二水按：尚氣與養氣，是對待「氣」截然不同的兩種態度。孟子緊接著用「揠苗助長」的寓言，來進一步闡述由這兩種態度所產生的截然不同的後果，進而提出他養氣的宗旨：「心勿忘，勿助長」。孟子以「人性之善也，猶水之就下也，人無有不善，水無有不下」，構建了儒學「性本善」為核心的「超我」人格結構。

在從善若流的「超我」人格作用下，「其為氣也，至大至剛，以直養而無害，則塞於天地之間。其為氣也，配義與道……是集義所生者，非義襲而取之也」，這「浩然之氣」，構建了儒家的「自我」人格結構。「夫志，氣之帥也。氣，體之充也。夫志至焉，氣次焉。故曰：持其志，無暴其氣」，強調的便是「自我」與「超我」之間的關係。「持其志」以順養其氣。尚氣，則矜誇而暴其氣也。

③已：蓋「己」之筆誤。後同，不另注。

④彼不動……已先動：《萇氏武技書》打法總訣云：「彼不動兮我不動，彼欲動兮我先動。」

往復須分陰陽，進退須有轉合。

機由已①發，力從人借。發劢須上下相隨，乃一往無敵。立身須中正②不偏，能八面支撐。靜如山岳，動若江河。

【注釋】

①已：蓋「己」之筆誤。

②中正：典出《易經》。

二水按：「立身中正安舒，支撐八面」「立身須中正不偏，能支撐八面」，「中正」一詞，已成為太極拳論的經典概念，也是後世楊式、吳式傳習者，就太極拳身法問題爭論最大的焦點。武術諺語云：「低頭哈腰，傳授不高」，立身不能中正，自然就無法支撐八面。

而市井太極拳愛好者，將立身中正，誤解為身形要保持筆直，貌似僵屍，以致部分吳式太極拳愛好者，矯枉過正，否定立身中正的概念，從而刻意地追求曲中求直，進而將拳勢演變為牮柱之式，如此則也失卻了尾閭正中之要。兩派之間，水火不容。二水以為，倘若要準確理解「中正」辭意，須得從《周易》中去尋找答案。

《周易》觀卦䷓：巽☴上，坤☷下。彖曰：「大觀在上，順而巽，中正以觀天下。」錢大昕說：「《彖傳》之言中者，三十三，《象傳》之言中者，三十。其言中也，曰中正，曰時中……故嘗謂六十四卦，三百八十四爻，一言以蔽之，曰中而已矣。」

《周易》革卦䷰：離☲下，兌☱上。六二為下卦離之中位。六居二位，適得其所，也恰如其時。此爻繫辭云：「六二，巳日乃革之，徵吉，無咎。象曰：巳日革之，行有嘉也。陰柔中正，為離之主。得革物之全能者也。革必巳日乃孚，而上應九五，是其嘉配，故徵吉而無咎。」

第五爻，九五，是上卦兌之中位，該是有所為的時候，九居五位，也正得其位，恰如其時。此爻的繫辭云：「九五，大人虎變，未佔有孚。象曰：大人虎變，其文炳也。以陽剛中正之大人，又得六二陰柔中正之應，以輔助之，故如虎之神變，炳乎有文，不待占而足以取信於天下也。」信守陰陽兩極，適得其位，適得其時，方能適得陽剛陰柔之美。

太極拳的「中正」，也應在陰陽兩極間，適得其位，適得其時。陽不能過，陰不能丟。丟，不及也，為病。過，猶不及，也為病。所以，太極拳對身形的要求是：中軸在平整移動過程中，前為陽極，後為陰極。兩極即為維繫重心的際沿。為了維繫重心的穩定，中軸向前到了湧泉，就是九五之位，倘若再一味向前，第六爻就應該峰迴路轉，所謂有前必有後。如意欲向前，須寓後意。

倘若再一意孤行，依然是九，那就是「上九」。乾卦上九爻云：「亢龍有悔。象曰：盈不可久也」，此謂過猶不及。倘若一味地丟逃，謂之不及。坤卦初六云：「初六，履霜，堅冰至」，此時，就得小心翼翼，所謂有後必有前。意欲退後，須寓前意。倘若一味後縮，就丟就扁了。

《孔子家語》載，孔夫子在周廟見到了一種叫「攲」的器皿，叫子路拿水往器皿裡注，果然，水灌滿後，器皿就翻了，灌到正好，就中正，沒灌水時，卻是歪斜的。滿則覆，中則正，虛則攲。「攲」為「宥坐之器」（能做座右銘的器皿），以戒滿戒虛，允執厥中。太極拳不特遵循樸素的陰陽理論而形成其特有的身法要領與戰略戰術，歷代的太極拳傳習者還將此進階成一種歷史使命感。在他們心中，太極拳這「攲」器，還被賦予了「人心惟危，道心惟微，惟精惟一，允執厥中」的神聖使命。

邁步如臨淵，運劢如抽絲。蓄劢如張弓，發劢如放箭①。行氣如九曲珠，無微不到。運劢如百鍊②鋼，何堅不催。形如搏兔之鵠③，神如捕鼠之貓。曲中求直，蓄而後發。收即是放，連而不斷。

【注釋】

①蓄勁如張弓，發勁如放箭：《萇氏武技書》之講點氣云：「心動一如炮如火，氣至

好似弩離弓。」

②鍊：冶金也。通作「煉」。後同，不另注。

③鵠：是「鶻」字之誤寫。鵠，鴻鵠也，水鳥之屬。鶻，飛禽，鷹屬。蘇軾《文與可畫篔簹谷偃竹記》云：「振筆直遂，以追其所見，如兔起鶻落，少縱則逝矣。」

極柔軟，然後能①極堅剛；能粘依，然後能靈活。氣以直養而無害②，勁以曲蓄而有餘。漸至物來順應③，是亦知止能得④矣。

【注釋】

①能：啓軒本脫「能」字。

②氣以直養而無害：典出《孟子．公孫丑上》：「其為氣也，至大至剛，以直養而無害，則塞於天地之間。」

③物來順應：語出程顥《二程文集》卷三：「聖人之常，以其情順萬物而無情。故君子之學，莫若廓然而大公，物來而順應。」

二水按：後文「如意要向上，即寓下意，若物將掀起，而加以挫之之力，斯其根自斷，乃壞之速而無疑」一節，其實是在闡述人們透過太極拳拳架與推手訓練，來達到人對於外界人事物事的順應機勢，順勢而為的能力；是此節「漸至物來順應」的一種訓練手段，是聖人之常、君子之學的重要課程。

④知止能得：語出《大學》「知止然後有定，定而後能靜，靜而後能安，安而後能慮，慮而後能得」句，朱熹集注曰：「止者，所當止之地，即至善之所在也。知之，則志有定向。」《道德經》第四十四章云：「名與身孰親？身與貨孰多？得與亡孰病？甚愛必大費，多藏必厚亡。故知足不辱，知止不殆，可以長久。」「知止」大義，無論儒道，皆契合易理。

二水按：讀懂「漸至物來順應，是亦知止能得矣」句，方能進入武禹襄這位傳統知識份子最為脆弱的內心世界與修身養性，反求諸己的情懷。武姓昆仲三人，老二武汝清，一八四〇年就考上了進士，老大武澄清也終於比弟弟晚了整整十二年，於一八五二年考上了進士。而唯獨老三武河清，也就是此文作者武禹襄，醉心於太極拳，考了二十來年，依然只是一個小秀才，沒有功名。但他熟稔四書五經，內心深處依然有著齊家治國平天下的家國情懷，所以醉心於太極拳的點滴體悟，不由自主地與「聖人之常、君子之學」聯繫起來，這也為後來由此發展起來的楊家三十二目老拳論奠定了理論基礎。

三十二目老拳論從「八門五步」開篇，以拳技入手，淳淳善誘，沿用戴東原的知覺運動之說，運極而動，動知運覺，先自知，後知人，尺寸分毫，由尺及寸，由寸及分及毫，允文允武，允聖允神，乃臻神明。同時，又沿用命門學說，陰陽顛倒，自身採戰，性命雙修，水火既濟，再以允文允武的標準，從文武三乘的練法，讓拳學者信守「人心惟危，道心惟微，惟精惟一，允執厥中」的儒學道統。從而，透過修煉人身一太極，而觀照宇宙萬物，天人合一。五個層面的理論基礎，層層遞進，環環相扣，最後，借張三豐之言，宣三教合一之理，以「口授張三豐老師之言」「張三豐以武事得道論」等，傳達了修煉太極拳的終極目的：以假修眞，以武事入道。「能如是，表裡精粗無不到，豁然貫通，希賢希聖之功，自臻於曰睿曰智，乃聖乃神。所謂盡性立命，窮神達化在茲矣。然天道人道一誠而已矣！」太極拳儼然是盡性立命的聖人之學了。

又曰①

先在心，後在身。腹鬆，氣斂入骨，神舒體靜，刻刻存心。

切記：一動無有不動，一靜無有不靜。視靜猶動，視動猶靜。動牽②往來，氣貼背，斂入脊骨，要靜。內固精神，外示安逸。邁步如貓行，運觔如抽絲。全身意在蓄神，不在氣，在氣則滯。有③氣者無力，無④氣者純剛。氣如車輪，腰如車軸。

【注釋】

①又曰：啓軒本此節列於「山右王宗岳太極拳論」後，題為「解曰」。

②動牽：主，主動。牽：被動；引前也。從牛，像引牛之縻也。二水按：九曲珠一喻，前塗蜜以誘，後煙燻以逼，一則主動，一則被動，形象地闡述了「動牽往來」之理。

吸氣時，肩胯雷根往內抽勁，胸腹緊貼腰背，如一半竹片，一半牛皮製成的「槖籥」。呼氣時，自然復原。動牽往來，神息氣運，如是方能無微不到，氣遍身軀不稍癡也。

③有：「解曰」中作「尚」。啓軒本也然。有，蓋「尚」之誤植。尚：矜誇，自負之意。

④無：「解曰」中作「養」。啓軒本也然。無，蓋「養」之誤植。「養氣」與「解曰」中「氣以直養而無害」相呼應。

又曰①

彼不動，已②不動；彼微動，已先動。似鬆非鬆，將展未展，勁斷意不斷。

【注釋】

①又曰：此節「又曰」，啓軒本裡與上節同列「山右王宗岳太極拳論」後。

二水按：以上兩節「又曰」，從文字內容看來，像是武禹襄解讀王宗岳《太極拳論》的未定稿，而「解曰」則是最終的定稿。一方面，「又曰」中內容，已經全部納入到「解曰」中。其次，第一則的「又曰」中「有氣者無力，無氣者純剛」，「有氣」「無氣」在字義上容易誤解，作為拳學理論而言，不夠嚴密。「解曰」中，已將此改定為「尚氣者無力，養氣者純剛」。尚氣與養氣，作為對待「氣」的兩種截然不同的態度，其立論符合孟子的「吾善養吾浩然之氣」的理論，又與「解曰」中「氣以直養而無害」相呼應。將兩則「又曰」竄入此抄本，或係李亦畬在手抄母舅稿本時，未加細辨之故。將「尚氣」作「有氣」，將「養氣」作「無氣」，抑或抄寫時的筆誤。行書文本中，「尚」與「有」字形相近，繁體「養」與「無」，亦易誤植。

徐哲東先生以為，此兩節文字列在「山右王宗岳太極拳論」後，都是王宗岳原文。因文中「彼不動，己不動；彼微動，己先動」「內固精神，外示安逸」等語，見諸《萇氏武技書》，徐先生以為，「此太極拳家之要義，而萇氏亦得之，又足見其採摭之情也。」

二水以為徐哲東先生此論也失公允。「解曰」也好，「又曰」也罷，處處能見《萇氏武技書》的印跡，不能證明萇乃周得諸王宗岳拳論，反而能證明武禹襄採摭萇乃周之情。另外，「內固精神，外示安逸」從《吳越春秋・越女論劍》「內實精神外示安儀」句化出，「彼不動，己不動」也與古兵法「後人發，先人至」「武事也，而以靜為主。靜則無形，動則有形。動而有形，必為所擒。是故聖人貴靜，靜則不躁，而後能應躁。彼有死形，因而制之」等以靜制動的理論一脈相承。這些都無法成為萇乃周採摭王宗岳的證據。

後文李亦畬《五字訣》中「我勁已接入彼勁，恰好不後不先，如皮燃火，如泉湧出」句，也與《萇氏武技書》點氣節「如夢裡著驚，如悟道忽醒，如皮膚無意燃火星」相契合，旨在闡述把控動靜機勢。楊氏拳家有如燙山芋，話粗理得焉。這些反過來卻能證明武禹襄、李亦畬舅甥兩人或都從萇乃周武技理論中汲取過營養。

萇乃周（一七二四—一七八三年），字洛臣，號純誠，又名萇三，河南汜水（今滎陽）人。精研拳理，博採衆長，刪繁就簡，終集精華，創萇氏武技和理論《培養中氣論》《武備參考》兩部，計一百三十一篇，徐哲東先生釐整後，匯作《萇氏武技書》。其兄萇仕周，字姬臣，號穆亭。乾隆壬戌進士，官宜君縣知縣。

②已：蓋「己」之筆誤。後同，不另注。

又曰①

每一動，惟手先著②力，隨即鬆開，猶須貫串③，不外起承轉合④。始而意動，既而劤動，轉接要一線串成。氣宜鼓蕩，神宜內斂。無使有缺陷處，無使有凹凸處，無使有斷續處⑤。

【注釋】

①又曰：此節「又曰」，啓軒本另題「十三勢說略」，列入第五章河北永年武禹襄先生著述之二。

②著：通「著」。

③貫串：此處啓軒本竄益「一氣」兩字。

④起承轉合：語出范梈《詩格》：「作詩有四法：起要平直，承要春容，轉要變化，合要淵水」，他在注杜甫《贈李白》詩云：「絕句者，截句也……四句為起承轉合，未嘗不同條而共貫也。」

⑤無使有缺陷處……有斷續處：此節三個「無使」，啓軒本作「勿使」。

其根在腳，發於腿，主宰於腰，形於手指。由腳、而腿、而腰，總須完整一氣。向前退後，乃①得機得勢。有不得機②勢處，身便散亂，必至偏倚，其病必於腰腿求之。上下前後左右皆然。

凡此皆是意，不是外面。有上即有下，有前即有後，有左即有右。如意要向上，即寓下意③，若物將掀起④，而加以⑤挫之之力，斯其根自斷，乃壞之速而無疑。

虛實宜分清楚，一處自有一處虛實，處處總此一虛實。周身節節貫串，勿令絲毫間斷。

禹襄武氏並識⑥

【注釋】

①乃：此處啓軒本衍一「能」字。

②機：此處啓軒本衍一「得」字。

③如意要向上，即寓下意：啓軒本脫此九字。

④物將掀起：物，與我對。凡生天地間，除我之外，皆稱之「物」。《莊子・外篇》載皇帝問道廣成子，廣成子答曰：「至道之精，窈窈冥冥；至道之極，昏昏默默……慎守

女身，物將自壯。我守其一以處其和。故我修身千二百歲矣。」

二水按：此節「物將掀起」之「物」與上節「物來順應」之「物」，一一皆同莊子「物將自壯」之「物」。古人語境，無今人之主謂賓。「物將掀起」的物，泛指與「我」相對的一切人事物事，未必僅指今人概念中物體之物。倘若將「物將掀起」，改作今人語境下的「將物掀起」，則深義隨之缺失。

⑤以：啓軒本脫「以」字。

⑥禹襄武氏並識：啓軒本無此六字。

武禹襄（一八一二—一八八〇年），名河清，字禹襄，號廉泉。河北永年人。長兄澄清，次兄汝清，進士，昆仲三人皆從楊露禪學拳藝，武禹襄後復從陳清平「研究月餘，而精妙始得，神乎技矣」。

參悟王宗岳《太極拳譜》頗多心得，撰編打手要言、四字不傳秘訣、十三勢行工心解等，豐富太極拳理論，肇創武式、郝式、孫式諸派太極拳流派，厥功甚偉。

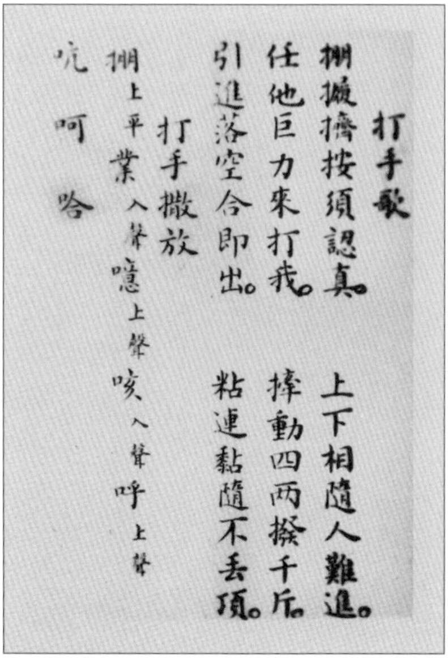
打手歌

掤攌擠按須認真。上下相隨人難進。
任他巨力來打我。捧動四兩撥千斤。
引進落空合即出。粘連黏隨不丟頂。

打手撒放

掤上平 業入聲 噫上聲 咳入聲 呼上聲
吭 呵 哈

打手歌①

掤攌擠按須認眞，上下相隨人難進。
任他巨力來打我，牽②動四兩撥千斤。
引進落空合即出，粘連黏隨③不丟頂。

【注釋】

①打手歌：啓軒本列入第四章歌訣之第三節。

張士一云：「打手歌似非王宗岳所著，因其《太極拳論》中有『察四兩撥千斤之句，顯非力勝』，而『四兩撥千斤』之句，見於《打手歌》，則《打手歌》似為王宗岳以前人所作。十三勢及行工歌訣，亦疑王氏以前人所作。月師（郝月如）曾然此說。」

徐哲東《太極拳考信錄》附答張君書中談到，太極拳原譜出於王宗岳所編定，除了《太極拳論》外，沒說明其他文辭盡是王宗岳所作，或有舊日太極拳家遺文，經王宗岳刪潤入編，亦未可知，但已無法再為考明。徐哲東從陳子明處錄得的舊抄本陳兩儀堂記《器械叢集》有此四句七言歌訣：「擠掤捋按須認眞，上下相隨人難進。任他巨力人來打，牽動四兩撥千斤」，徐哲東先生認為：「可見王宗岳因過陳家溝而授拳之說，亦屬可信。陳氏只得王宗岳之口授，故僅記打手歌，其他文篇或均未帶往，故未予陳氏，或尚未撰成，亦未可知。」他在《太極拳考信錄》後序中一再強調：「予撰《太極拳考信錄》竟，復得二事：一曰，陳溝之《拳經總歌》與王宗岳太極拳譜《打手歌》，精粗互異……案，文徵中《拳經總歌》其文散漫多浮詞，王氏譜中《打手歌》，其文簡要不詞費。《拳經總歌》所言，雜以顯見於外之粗法；《打手歌》全用精微之察勁。」

徐哲東以此斷論，此《打手歌》非陳溝本有，而是王宗岳去陳溝授拳時，口授陳溝的，以至於兩儀堂本與陳子明《器械彙編》等文辭也有不同，「蓋在陳溝，初只十口相傳，久而稍異，及各據所聞，筆之於書，遂不能悉合也」。

二水以為，《打手歌》非陳溝本有，此可確證。而「王宗岳去陳溝授拳時，口授陳溝的」，純係臆測。

唐豪對此針鋒相對，他說：「今即就徐氏之說辨之：科舉時代，學重強記，四書五經尚能背誦如流，自撰短文，尤易默寫而出。宗岳若果口授《打手歌》，其他文篇即未帶往，豈不能同傳陳氏，此僅記《打手歌》之說為不可通。

其理由之二：陳氏初只得王之口訣，故陳氏書中或不完具，或頗歧異。楊、武兩家則譜中六句無異致，而文義亦較見於陳氏書者為長。徐氏豈不知陳溝四句變為六句者，乃由簡而至繁。王譜六句文義較長者，乃潤粗對至精，逐漸增訂，其跡至顯。王取諸陳其事至明。楊、武無異致者，乃楊得於武之證，非王傳於陳之證。故與其據《打手歌》以證王傳陳，毋寧據《打手歌》以證陳傳王。

其理由之三：雖曰謂《拳經總歌》未若《打手歌》之精信矣，然陳氏亦有《打手歌》，安知陳氏非先有粗率之《拳經總歌》，後有簡賅之《打手歌》，王宗岳獨取其簡賅者乎？應之曰：「是不然」。《拳經總歌》與《打手歌》，非獨理有精粗，其辭氣亦異焉。試以《拳經總歌》與（陳溝）其他拳架歌訣比觀，辭氣意味皆相類，《打手歌》之辭氣意味獨不類，足明非陳氏所本有也。徐氏不見有奏庭造拳之詩，其辭氣與十三勢行功歌相類乎？今不得謂十三勢歌出奏庭手者，以其不見於陳溝也。然則《打手歌》與奏庭詩辭氣相類，謂非陳氏所本有可乎？曰：『不可』。蓋考據此歌，須由所在，以求其來歷；由人物以定其時間，由繁簡以察其衍變，由精粗以明其後先，由辭氣以審其同異，而後可得其眞相。徐氏僅以陳溝發見之《打手歌》，辭氣不類於同地發見之《拳經總歌》與他歌訣，故認為非陳氏所本有。換言之，即陳溝發見之《打手歌》，辭氣與王譜他歌訣相類，故徐氏雖同意張士一之說，認《打手歌》為王以前人作，而否定出自陳溝。然宗岳得此歌於何地，則未有一言以說明之。今予進而考之，陳氏《打手歌》四句者較簡，存原作面目，此陳溝本有之證一也。

陳溝《拳經總歌》中屈伸縱放之訣，陳氏《打手歌》六句者，末作「粘連黏隨就屈伸」，此陳溝本有之證二也。

陳氏《打手歌》原始者四句，辭氣與奏庭遺詩相類。奏庭前於宗岳，有康熙己亥墓碑可證。予推定此歌為奏庭所作。六句者，當為親炙於奏庭之弟子兒孫等所改，故發見於陳溝，而其成並在王宗岳之前，此陳溝本有之證三也。

《陰符槍譜》序言：乾隆五十六年辛亥宗岳在洛，其後館於汴。溫縣、陳溝位於汴洛間汜水之對岸，予推定宗岳得長拳十三勢打手之傳，當在居汴洛時；並推定，宗岳不僅得長拳十三勢打手之傳，兼得《拳經總歌》及六句《打手歌》，其後即自撰《太極拳論》一篇、《太極拳釋名》一篇，連同潤改之《打手歌》一首，寫定成譜，《拳經總歌》則存而不錄。或曰，宗岳得《拳經總歌》存而不錄，子何所據而知之乎？《拳經總歌》有「屈、伸、縱、放」之訣，有「採、撂、肘、靠」之法，由《太極拳論》之『隨屈就伸』，《太極拳釋名》之「採、挒、肘、靠」來推斷，宗岳之必得《拳經總歌》與《打手歌》。又由《太極拳釋名》之十三勢者「掤、攦、擠、按」一節推斷，宗岳之必得《打手歌》。

由《太極拳釋名》之長拳者『如長江大海滔滔不絕』三句推斷，宗岳兼得一百單八勢長拳之傳。凡此，皆有實證可按，不同於空泛之論。宗岳僅採《打手歌》者，以其自撰文篇為勝，此王譜不見《拳經總歌》，而文中及之可證也。至於奏庭所造何拳，後將及之，茲不再談。」

二水按：張士一所言，從古人語境而言，合情合理。家師慰蒼先生輯錄的《柔克齋太極傳心錄》中輯有田兆麟藏太極拳譜，其一係葉大密老師一九一七年在杭州從田兆麟老師學拳時，由同學者吳深根抄贈的。

此譜中《太極拳論》中「察四兩撥千斤之句，顯非力勝」之「察」字，作「案」字，似更合古人行文習慣，「案」後的「四兩撥千斤」句，顯然不會是自言自語，自證自引。

但從嚴謹的治學態度而言，哲東先生「但已無法再為考明」這種存疑方式，是可取的。而哲東先生由此推論《打手歌》係王宗岳口授給陳溝，顯無實據。

唐豪為此以他律師的素養，滔滔不絕，旁徵博引，將哲東先生的「王宗岳口授陳溝」論批駁得體無完膚。但唐豪論點所涉與《打手歌》辭氣相類「奏庭遺詩」的「造拳」，二水以為有必要做進一步梳理：

唐豪在《行健齋隨筆》一書中，駁斥了太極拳「蔣發為陳長興之師」，辯駁了陳鑫的「陳卜創拳說」之後，在「太極拳之祖」一節斷言：陳王廷是太極拳之祖。其證據如下：

「其遺詩中有悶來時造悶（『拳』之訛誤）之句，一也。

陳氏家譜十二頁王廷旁注，稱其為陳氏拳手刀槍創始之人。十六頁有：至此以上乾隆十九年譜序，以下道光二年接修。王廷墓碑，立於康熙五十八年，距乾隆十九年甚近，此項直接史料，最為可信。二也。

惟遺詩及家譜，一則僅言造拳，一則僅言陳氏拳手，何有證其即為太極拳乎？查家譜三十六頁十四世長興旁，注『拳師』兩字。同頁十五世耕雲旁，注『拳手』二字，陳長興、陳耕雲父子，世皆知其為太極拳專家，一也。陳溝村人，至今只學其祖傳之太極十三勢及炮捶，不學外來拳法，二也。

太極拳共有兩套，一曰長拳，一曰十三勢。見王宗岳太極拳譜，長拳雖已失傳，譜尚存。譜中……完全採自戚繼光拳經，故太極拳之產生，應在戚繼光之後，王廷生於明末，卒於清初，尤足為予說佐證。」

唐豪遊陳溝所見的《陳氏家譜》，封面題「同治十二年癸酉新正潁川宗派一函」。十六頁注：「至此以上乾隆十九年譜序，以下道光二年接修」。十二頁九世祖王庭旁注：「又名奏庭，明末武庠生，清初文庠生。在山東，名手，掃蕩群匪千餘人。陳氏拳手，刀槍創始之人也。天生豪傑，有戰刀可考。」此家譜一直修到陳鑫。在鑫旁注：「文武皆通」。最後還有一段話，唐豪做了記錄，曰：「我高曾祖父皆文兼拳最優，森批」。最後唐豪斷言：「此太極拳源流最可信之直接史料也。」

從證據學角度而言，二水以為：

首先，唐豪對證據本身證明力的提取方式，存在失誤。就書面證據而論，這份《陳氏家譜》的文稿年代，究竟是同治十二年？還是乾隆十九年？抑或是道光二年？還是由陳鑫、陳森等人抄錄並不斷「旁注」文本的時間？書面證據的書寫時間，是決定這份證據證明力的關鍵所在。倘若，這份《陳氏家譜》，間雜著好幾人的筆墨，書證本身的書寫時間無法確認，從證據學角度而論，只能以最新的筆墨著筆時間為准。因此，這份既有陳鑫、陳森等人旁注，又一時無法確證文稿年代的家譜，我們暫且以陳鑫、陳森的生卒年限為基準，來提取證據的相關資訊。對涉及陳鑫、陳森存世之前的資訊，應該另取旁證，加以證明，而不能率然地以「最可信之直接史料也」來對待。

第二，陳王廷遺詩，唐豪在《行健齋隨筆》中認為「語近贅累，當非原作，疑著此書之陳品三所加也」。既然連唐豪本人也懷疑此詩有陳鑫竄入修飾的痕跡，在無法確證究竟是全詩還是局部，也無法確證究竟是哪部分內容，由誰竄入修飾的前提下，那麼，陳王廷遺詩的證明力，有待其他旁證加以進一步佐證。

第三，唐豪認為有陳品三竄入痕跡的陳王廷遺詩中，「悶來時造拳」句，在陳品三本人概念中，也並沒有以此而斷言太極拳始創於陳王廷。陳鑫在其《引門入路》《太極拳圖畫講義稿》（後易名《陳氏太極拳圖說》）自序中，反而認為：「洪武七年，始祖卜，耕讀之餘，而以陰陽開合運轉周身者，教子孫以消化飲食之法，理根太極，故名太極拳。」可見「悶來時造拳」之「造」字，在陳鑫看來，絕對不是「編造」「創造」太極拳的「造」。這一點，也顯露了唐豪等人古漢語基礎的薄弱。由「悶來時造拳，忙來時耕田」之「造拳」兩字，斷言「創造太極拳新學派的是明末的陳王廷」「陳王廷為太極拳之祖」，顯然是犯了用現代漢語的語境去理解古人的遣詞造句之錯誤。陳鑫眼中的「造拳」，其實在他的《陳氏太極拳圖說》之金剛搗碓勢中，有明確的解釋。他說：「自初勢至末勢所圖者，皆有形之拳，惟自有形，造至於無形，而心機入妙，終歸於無心，而後可以言拳。」

可見，在陳鑫看來，這「悶來時造拳，忙來時耕田」之「造拳」，其實就是「惟自有形，造至於無形」，乃至「心機入妙，終歸於無心」的行功走架。《說文解字》云：「造，就也。從辵告聲。」辵，本意是走走停停，乍行乍止。倘若適用於武技，「造」字，依然保留了以辵為基本含義的「行功走架」這一層面上最為原始的字義。

徐震《太極拳考信錄》「太極拳不始於陳溝證第四」對唐豪的「陳王廷造拳」說，也有辯駁。

他說：「言太極拳創自王廷者，非陳氏之舊說也，今人唐豪所主張。陳氏裔孫子明有取焉爾。故子明所著《陳氏世傳太極拳術》一書，於王廷傳有創太極之語。前乎子明，有陳鑫字品三者，於其《陳氏太極拳圖說・自序》有云：明洪武七年，始祖諱卜，耕讀之餘，而以陰陽開合運轉周身者，教子孫以消化飲食之法，理根太極，故名曰太極拳。其於附錄中載王廷事，則僅謂精太極拳。觀陳鑫之意，尚不以為太極拳創自王廷。與子明異。足見陳氏子孫，於其祖先之事，亦各以意推測而已。」

第四，唐豪「陳溝村人，至今只學其祖傳之太極十三勢及炮捶，不學外來拳法」，顯屬臆斷。徐震《太極拳考信錄》云：「謂陳溝不習外來之拳者，近來風氣或如斯耳，安能必其先祖中無一習外來之拳者。且陳氏言武技得諸外來者尚有確證三事，並見陳溝舊抄本中。」

二水以為，任何一種文化的積澱與發展，包括武術，都不可能憑空創造的，都是在前人的基礎上逐漸發展起來的。回顧近代太極拳的傳播史，楊露禪從學陳長興時，不管是陳家溝還是趙堡，一直沒有將這種武術形式命名為「太極拳」。自從武禹襄昆仲發現了王宗岳的《太極拳論》後，雖然我們至今沒有確證「王宗岳」其人的生卒事蹟，也無法確證王宗岳時代的太極拳究竟與近代所傳承的太極拳在技法上有什麼關聯性，王宗岳《太極拳論》中的「太極拳」招牌，與楊露禪從學陳長興的綿拳、陳家拳以及武禹襄從學楊露禪、復從陳清平「研究月餘而精妙始得」的這種拳術之間，套用而今的金融術語，應該是具有「借殼上市」的意思了。從此以後，即便是只侷限在陳溝的陳溝拳、綿拳還是炮捶等，也開始借用「太極拳」之名，得以進一步的發展。

這一點，也體現在陳氏舊抄本《兩儀堂本》《文修堂本》中。雖然，陳氏舊抄本《兩儀堂本》《文修堂本》裡，當時還無法理解楊、武兩家太極拳理論所已經達到的高度，但從陳溝所見的《打手歌》可見，陳溝前輩畢竟還是開始借鑒外間廣為流傳的太極拳理論了。就像陳溝前輩借用形意拳九要論，而成為他們秘不外傳的《三三拳譜》一樣，雖然這種指導理論，未必能使他們的拳技朝著太極拳方向發展，但這畢竟也是陳溝前輩開放式學習外來文化的實例。

②牽：原文作「撁」。撁，牽的異體字。

二水按：此處的「牽動」與「又曰」中的「動牽往來，氣貼背」的動牽含義不同。

③粘連黏隨：粘、黏兩字，在音韻上同為「女廉切」或「尼占切」，發音時，南方人容易混淆。而粘字，在北音裡，又與以「之廉切」的沾字相通，且粘字在拳技含義裡有提上拔高之意，所以，此粘字發沾音。

打手撒放①

掤上平② 業入聲 噫上聲 咳入聲 呼上聲 吭 呵 哈

【注釋】

①打手撒放：啓軒本列入第四章歌訣之第四節。徐哲東、唐豪都認為，此係武禹襄自記之心得。

②上平：啓軒本此處衍「聲」字。

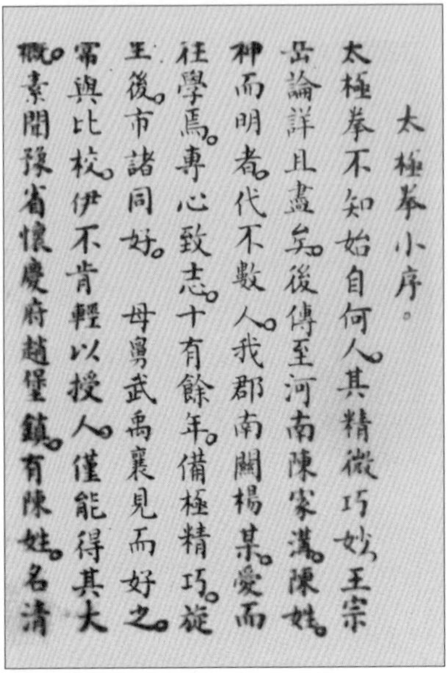

太極拳小序。

太極拳不知始自何人。其精微巧妙，王宗岳論詳且盡矣。後傳至河南陳家溝陳姓，神而明者，代不數人。我郡南關楊某，愛而往學焉。專心致志，十有餘年，備極精巧。旋里後，市諸同好。 母舅武禹襄見而好之，常與比校，伊不肯輕以授人，僅能得其大概。素聞豫省懷慶府趙堡鎮，有陳姓，名清

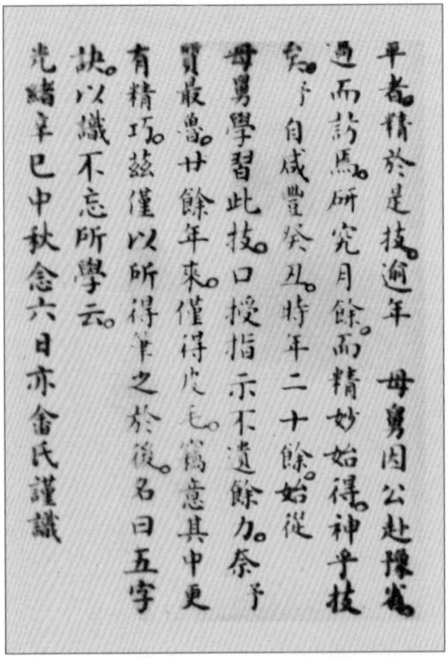

平者，精於是技。逾年， 母舅因公赴豫省，過而訪焉。研究月餘，而精妙始得，神乎技矣。予自咸豐癸丑，時年二十餘，始從 母舅學習此技。口授指示，不遺餘力。奈予質最魯，廿餘年來，僅得皮毛。竊意其中更有精巧。茲僅以所得筆之於後，名曰五字訣，以識不忘所學云。

光緒辛巳中秋念六日亦畬氏謹識

太極拳小序①

太極拳不知始自何人②。其精微巧妙，王宗岳論詳且盡矣。後傳至河南陳家溝陳姓，神而明者，代不數人。我郡南關楊某③，愛而往學焉，專心致志，十有餘年，備極精巧④。旋里後，市諸同好。母舅武禹襄見而好之，常與比校⑤，彼⑥不肯輕以授人，僅能得其大概。

【注釋】

①太極拳小序：啓軒本併入五字訣附序，列入第六章河北永年李亦畬先生著述之一。

②太極拳不知始自何人：唐豪抄得的馬印書本，首題「太極拳小序」，末題「丁卯端陽日亦畬李氏識」。唐豪說李亦畬有生之年，只逢一個丁卯，則此序初稿當作於一八六七年（同治六年），初稿首句，作「太極拳始自宋張三豐」。武萊緒述其祖禹襄行略，謂

「太極拳自武當張三豐，善者代不乏人。」

徐震《太極拳考信錄》辯之曰：「萊緒謂（太極拳）傳自張三豐，與李亦畬說顯相背馳。李氏先於萊緒數十年，猶聞陳武兩家之傳述；萊緒此文作於近年，當楊派太極拳盛行之後，附會神仙複為人情所樂從。故雖武氏子孫，亦不求其端，不考其實，於流俗盛傳之語，直襲用而不疑矣。按武延緒撰李公兄弟『家傳』，亦謂河南陳某善是術，得宋張三豐之傳。萊緒、延緒幼受讀於禹襄，禹襄較亦畬為前，卒歲月雖不可考，行略作於李公兄弟家傳之前，則可以斷言。」

唐豪則以為：「《太極拳考信錄》成於一九三六年。謂萊緒此文作於近年，亦不求其端，不考其實之說。予推定亦畬、萊緒、延緒三人同說，皆聞自禹襄。徐氏指萊緒之說與亦畬背馳，蓋據廉讓堂與郝和藏本後改之序，而未見馬印書抄本小序也。祿禪出身僮僕，無能臆造張三豐。禹襄廩貢生，博覽書史，若太極拳之附會張三豐，不出於禹襄，祿禪、亦畬、萊緒、延緒之說豈能盡同？亦畬、啓軒昆季，皆有聲庠序，俱學拳於禹襄。啓軒精考訂，弟兄切磋拳藝，故亦畬始取禹襄附會之說，而終改之。萊緒、延緒聞之其祖，不明附會，乃以之入禹襄行略及李公兄弟家傳。永年西鄉何營村文生陳秀峰，祿禪子班侯門人也。其太極拳譜全文之首有曰：『武當張三豐老師遺論，欲天下豪傑延年養生，不徒作技藝之末也』，予斷此為禹襄初文以授祿禪者。後來楊氏傳流北京之譜不一其處，無在譜首者，皆書後人改移。」

二水以為，太極拳托偽張三豐之説，或自武禹襄得王宗岳太極拳譜之時，即已盛傳，但「太極拳不知始自何人」，更合乎儒學者「子不語」之訓戒，亦合「知之為知之」之治學精神。

③楊某：啓軒本作「楊君」，馬印書本作「楊某老祿」。

④巧：馬印書本作「妙」。

⑤比校：比試，較量。司馬光《乞罷保甲狀》云：「昔一人闕額，有二人以上爭投者，即委本縣令尉選武藝高強者充。或武藝衰退者，許佗人指名與之比校，若武藝勝於舊者，即令充替。」啓軒本、馬印書本皆做「比較」。

⑥彼：馬印書本作「伊亦」。

素聞豫省懷慶府①趙堡鎮，有陳姓名淸平②者，精於是技。逾年，母舅因公赴豫省，過而訪焉。研究月餘，而精妙始得，神乎技矣③。

【注釋】

①懷慶府：馬印書本脫此三字。

②陳姓名清平：馬印書本作「陳清萍」。

③研究月餘，而精妙始得，神乎技矣：此類見諸武俠小說的辭藻，從太極拳學實踐而言，幾乎不存在這種可能性。除非「母舅武禹襄見而好之」後，並非只是「常與比校」，而是虛心向學。「楊某」也非「不肯輕以授人」，而是傾囊相授。武禹襄也非「僅得其大概」，而是從學「楊某」後，打下了厚積薄發之前的堅實基礎。

二水按：眞正接觸過傳統太極拳（非體操舞蹈類型之太極運動）的人都明白，對太極拳還只是「僅能得其大概」的初學者而言，即便面對頂尖的太極拳名家，「過而訪焉」，僅僅「研究月餘」，恐怕也不過霧裡看花。據吳文翰先生考證，「清道光二十年（一八四〇年），禹襄仲兄汝清得中庚子科進士、官刑部四川司員外郎。薦楊祿禪到北京教拳」，此節文字，能證明以下幾點：

第一，武禹襄弟兄三人從楊露禪學拳的時間，應該早於一八四〇年。第二，武禹襄弟兄與楊露禪之間的關係維繫得相當不錯。而武禹襄「逾年，母舅因公赴豫省，過而訪焉」，去造訪陳清平的時間，據吳文翰先生考證為：「咸豐二年（一八五二年）禹襄赴長兄澄清河南舞陽縣任所，假道溫縣趙堡鎮從陳清平學技月餘，通其理法，後又於舞陽縣得王宗岳拳譜，多有發悟，自成一家。」這段文字，我們也可以解讀出以下資訊：

第一，武禹襄造訪陳清平的時間是一八五二年。意思是這一年，武禹襄已經從楊露禪學拳十二年以上了。拳諺云：「太極十年不出門」，當年的武禹襄，顯然不只是一個「僅能得其大概」初學者，而是已經過了「不出門」的關卡，能夠出門去驗證拳技的時候了。練拳十數年以上的人，應該知道，前期的學拳相對比較枯燥，所謂「厚積而薄發」，前十年或許是漸悟式的學習過程。漸悟期間，或時進時退，或轉輾反側，自我感覺拳藝提高不快，這也符合常理。而十年之後，或偶得其他老師的一言一行，抑或隻言片語的提醒，或許就能頓悟。但是，這一頓悟，必須是以十數年漸悟為豐厚的積澱。

第二，吳文翰先生也不相信李亦畬所謂「研究月餘，而精妙始得，神乎技矣」的說辭，他雖然沒有正面駁斥這種說法，而是婉轉地改作「學技月餘，通其理法」，而將武禹襄先生後來自成一家的拳技，歸結為另一十分重要的原因，那就是李亦畬先生於《太極拳譜·跋》所說的，「此譜得於舞陽縣鹽店」的王宗岳《太極拳譜》。

李亦畬明明知道自己的母舅武禹襄，在跟陳清平「研究月餘」之前，已經跟楊露禪學拳十幾年了，按照而今的稱謂，楊露禪理所當然是李亦畬的太老師了。雖然李亦畬身處「萬般皆下品」等級嚴明的時代，「打拳頭賣膏藥」未必算是正當職業，而對於同樣喜歡太極拳技，甚至將太極拳當作是「拳藝」來探究的李亦畬來說，他的《太極拳小序》裡，不但沒有對楊露禪尊以「太老師」的稱謂，而只是以「我郡南關楊某」示人，而且行文之中，諸如「市諸同好」「伊不肯輕以授人」云云，行文處處顯見對「我郡南關楊某」的輕蔑之詞。

二水以為，李亦畬《太極拳小序》一文，對楊露禪的評價，是有失公允的。楊拳幾代確實以教拳為業，倘若沒有楊家幾代人的「市諸同好」，說不定今天這個世界上，已經找不到太極拳的蹤影了。誠如清末詩人楊季子詩云：「誰料豫北陳家拳，卻賴冀南楊家傳」，此為中肯之論。

予自咸豐癸丑①，時年二十餘，始從母舅學習此技。口授指示，不遺餘力，奈予質最魯，廿餘年來②，僅得皮毛。竊意其中更有精巧，茲僅以所得，筆之於後，名曰五字訣，以識不忘所學云。

光緒辛巳③中秋念六日亦畬④氏謹識

【注釋】

①咸豐癸丑：西元一八五三年。

②廿餘年來：馬印書本也作「廿餘年來」。唐豪稱馬印書本為「初稿」，作於「一八六七年（同治六年）」，而李亦畬（一八三二—一八九二年）「予自咸豐癸丑，時年二十餘，始從母舅學習此技」，咸豐癸丑即西元一八五三年，時年，李亦畬二十一歲，但倘若以初稿日期一八六七年（同治六年）來推算，至此年，李亦畬三十五歲，武禹襄（一八一二—一八八〇年）四十五歲，李亦畬從武禹襄學拳時間尚不足十五年。由此可知，唐豪抄得的馬印書本「丁卯端陽日」或有誤抄。家師慰蒼先生曾作《李亦畬〈太極拳小序〉寫時間考》，論為，「丁卯端陽日」或係「己卯端陽日」之誤。光緒五年，西元一八七九年，干支為己卯，這一年，武禹襄尚健在。

③光緒辛巳：西元一八八一年。顧留馨《太極拳術》本誤作辛己。啓軒本作光緒六年，即西元一八八〇年。

④亦畬：即李亦畬（一八三二—一八九二年），名經綸，同治元年（一八六二年）壬戌科舉人。從舅父武禹襄學習太極拳藝，著有五字訣等；並將王宗岳拳譜、武禹襄拳論益以己作，手書三本，一本自藏，一本贈弟啓軒，一本贈郝和，俗稱「老三本」。

五字訣

一曰心靜

心不靜則不專。一舉手前後左右全無定向。故要心靜。起初舉動未能由己。要息心體認。隨人所動。隨屈就伸。不丟不頂。勿自伸縮。彼有力我亦有力。我力在先。彼無力我亦無力。我意仍在先。要刻刻留心。挨何處心要用在何處。須向不丟不頂中討消息。從此做去。一年半載。便能施於身。此全是用意。不是用勁。久之則人為我制。我不為人制矣。

二曰身靈

身滯則進退不能自如。故要身靈。舉手不可有呆像。彼之力方礙我皮毛。我之意已入彼骨裏。兩手支撐。一氣貫穿。左重則左虛而右已去。右重則右虛而左已去。氣如車輪。周身俱要相隨。有不相隨處。身便散亂。便不得力。其病於腰腿求之。先以心使身。從人不從己。後身能從心。由己仍是從人。由己則滯。從人則活。能從人手上便有分寸。秤彼勁之大小。分厘不錯。權彼來之長短。毫髮無差。前進後退。處處恰合。工彌久而技彌精矣。

三曰氣斂

氣勢散漫。便無含蓄。身易散亂。務使氣斂入脊骨。呼吸通靈。周身罔間。吸為合為蓄。呼為開為發。蓋吸則自然提得起。亦拏得人起。呼則自然沉得下。亦放得人出。此是以意運氣。非以力使氣也。

四曰勁整

一身之勁。練成一家。分清虛實。發勁要有根源。勁起於腳根。主於腰間。形於手指。發

於脊背。又要提起全付精神於彼勁將出
未發之際。我勁已接入彼勁。恰好不後不
先。如皮燃火。如泉湧出。前進後退。無絲毫
散亂。曲中求直。蓄而後發。方能隨手奏效。
此謂借力打人。四兩撥千斤也。

五曰神聚

上四者俱備。總歸神聚。神聚則一氣鼓鑄。
鍊氣歸神。氣勢騰挪。精神貫注。開合有致。

虛實清楚。左虛則右實。右虛則左實。虛非
全然無力。氣勢要有騰挪。實非全然占煞。
精神要貴貫注。緊要全在胸中腰間運化。
不在外面。力從人借。氣由脊發。胡能氣由
脊發。氣向下沈。由兩肩收於脊骨。注於腰
間。此氣之由上而下也。謂之合。由腰形於
脊骨。布於兩膊。施於手指。此氣之由下
而上也。謂之開。合便是收。開即是放。能懂

得開合。便知陰陽。到此地位。工用一日。技
精一日。漸至從心所欲。罔不如意矣。

撒放密訣。

擎　引　鬆　放

擎起彼身借彼力。中有靈字
引到身前勁始蓄。中有斂字
鬆開我勁勿使屈。中有靜字
放時腰腳認端的。中有整字

五字訣①

一曰心靜

心不靜，則不專，一舉手，前後左右全無定向，故要心靜。起初舉動，未能由己②，要息心③體認，隨

人所動，隨屈就伸，不丟不頂，勿自伸縮。彼有力，我亦有力，我力在先。彼無力，我亦無力，我意仍在先。要刻刻留心④，挨何處，心要用在何處，須向不丟不頂中討消息⑤。從此做去，一年半載，便能施於身。此全是用意，不是用勁，久之，則人爲我制，我不爲人制矣⑥。

【注釋】

①五字訣：啓軒本列入第六章河北永年李亦畬先生著述之一。

②已：蓋「己」之筆誤。

③息心：梵語沙門的意譯，息意去欲，勤修善法之意。

④留心：啓軒本作「留意」。

⑤消息：消，消滅。息，孳息，增長。陰陽消長也。《易經》：剝卦：「君子尚消息盈虛，天行也。」

⑥則人為我制，我不為人制矣：《管子》卷第四云：「凡國有三制：有制人者，有為人之所制者，有不能制人、人亦不能制者」，《孫子兵法・虛實篇》云：「善戰者，致人而不致於人。」

二曰身靈

身滯，則進退不能自如，故要身靈。舉手不可有呆像，彼之力方礙我皮毛，我之意已入彼骨裏①。兩手支撐，一氣貫穿②。左重則左虛，而右已③去；右重則右虛，而左已去。氣如車輪，周身俱要相隨。有不相隨處，身便散亂，便不得力，其病於腰腿求之。先以心使身，從人不從已④。後身能從心，由已仍是從人。由已則滯，從人則活。能從人，手上便有分寸。秤⑤彼劢⑥之大小，分厘不錯；權彼來⑦之長短，毫髮無差。前進後退，處處恰合，工彌久而技彌精矣。

【注釋】

①裏：啓軒本作「內」。

②貫穿：猶貫串。從頭到尾穿透。《漢書・司馬遷傳贊》：「其涉獵者廣博，貫穿經傳，馳騁古今。」

③巳：蓋「已」字之筆誤。
④己：蓋「已」字之筆誤。後同，不另注。
⑤枰：蓋「秤」字之筆誤。啓軒本作「秤」。後同，不另注。
⑥劢：啓軒本作「動」。
⑦來：勁力的來脈。《孟子・梁惠王上》云：「權，然後知輕重。度，然後知長短。」亦畲先生文風率性，對於勁力的長短、大小、重輕，一一皆只用秤與權。此節闡述與人手談時，捨己從人後，對於對手勁力輕重、大小、長短的細微感知。

三曰氣斂

氣勢散漫，便無含蓄，身易散亂。務使氣斂入脊骨，呼吸通靈，周身罔間①。吸，爲合，爲蓄；呼，爲開，爲發。蓋吸，則自然提得起，亦拏②得人起；呼，則自然沈得下，亦放得人出③。此是以意運氣，非以力使氣也。

【注釋】

①罔間：無間也。武禹襄以「行氣如九曲珠，無微不到」來解釋「氣遍身軀不稍

癡」。亦畬先生則以「氣斂入脊骨，呼吸通靈，周身罔間」，來進一步解釋氣遍身軀，無微不到，強調呼吸開合之要。

②拏：同「拿」。

③蓋吸……亦放得人出：闡述以意運氣的「吸提呼放」法則。

四曰勁整

一身之勁，練成一家，分清虛實。發勁要有根源，勁起於腳根，主於腰間，形於手指，發於脊背。又要提起全付①精神，於彼勁將出未發之際，我勁已接入②彼勁，恰好不後不先③，如皮燃火，如泉湧出④。前進後退，無絲毫散亂。曲中求直，蓄而後發，方能隨手奏效。此⑤謂借力打人，四兩撥千斤也。

【注釋】

①付：副的異體字。

②入：啓軒本誤作「內」。

③不後不先：啓軒本倒作「不先不後」。

④如皮燃火，如泉湧出：《萇氏武技書》講點氣有云：「如夢裡著驚，如悟道忽醒，如皮膚無意燃火星」，驚夢、悟道、皮燃、火動、泉湧等等譬喻，旨在把握動靜機勢。

⑤此：啓軒本原本也作「此」，校核時又改作「所」。

五曰神聚

上四者俱備，總歸神聚。神聚，則一氣鼓鑄①，煉氣歸神，氣勢騰挪，精神貫注，開合有致，虛實清楚。左虛則右實，右虛則左實。虛非全然無力，氣勢要有騰挪。實非全然占煞，精神要貴貫注。緊要：全在胸中、腰間運化，不在外面。力從人借，氣由脊發。

胡能氣由脊發？氣向下沉，由兩肩收於脊骨，注於腰間，此氣之由上而下也，謂之合。由腰形於脊骨，布於兩膊，於施②於手指，此氣之由下而上也，謂之開。合便是收，開即是放，能懂得開合，便知陰陽③。到此地位，工用一日，技精一日，漸至從心所欲，罔不如意矣④。

【注釋】

①鼓鑄：冶煉時，扇熾其火，謂之鼓鑄。

②於施：「施」字前衍「於」字。

③合便是收……便知陰陽：王宗岳以知陰陽，以避雙重之病。李亦畬以開合詮釋全身陰陽相濟，「合便是收，開即是放」一節，將王宗岳的「粘即是走，走即是粘。陽不離陰，陰不離陽」落到了實處。

④到此地位……罔不如意矣：「到此地位」，便是王宗岳「陰陽相濟，方為懂勁」之時。「工用一日，技精一日，漸至從心所欲，罔不如意矣」，也便是王宗岳所說的「懂勁後，愈練愈精，默識揣摩，漸至從心所欲」。

撒放密訣①

擎　引　鬆　放

擎起彼身借彼力。中有靈字。

引到身前劤始蓄。中有斂字。
鬆開我劤勿使屈。中有靜字②。
放時腰腳認端的。中有整字。

【注釋】

①撒放密訣：啓軒本列入第六章河北永年李亦畬先生著述之五，四句秘訣之後，竄益一節文字說明：「擎引鬆放四字，有四不能：腳手不隨者，不能；身法散亂者，不能；一身不成一家者，不能；精神不團聚者，不能。欲臻此境，須避此病。不然雖終身由之，究莫明其精妙矣。」亦稱「撒放秘訣」。

②擎起彼身借彼力……中有整字：對照李亦畬五字訣：靜、靈、斂、整、聚（四者俱備，總歸神聚，神聚是心靜、身靈、氣斂、勁整之後的水到渠成），此「撒放密訣」中四字次序則為靈、斂、靜、整，或係為了行文韻腳而變通次序。

走架打手行工要言

昔人云。能引進落空。能四兩撥千斤。不能引進落空。不能四兩撥千斤。語甚賅括。初學末由領悟。予加數語以解之。俾有志斯技者得所從入。庶日進有功矣。欲要引進落空。四兩撥千斤。先要知己知彼。欲要知己知彼。先要舍己從人。欲要舍己從人。先要得機得勢。欲要得機得勢。先要周身一家。欲要周身一家。先要周身無有缺陷。要欲要周身無有缺陷。先要神氣鼓盪。欲要神氣鼓盪。先要提起精神。神不外散。欲要神不外散。先要神氣收斂入骨。欲要神氣收斂入骨。先要兩股前節有力。兩肩鬆開。氣向下沈。勁起於腳根。變換在腿。含蓄在胸。運動在兩肩。主宰在腰。上於兩膊相繫。下於兩腿相隨。勁由內換。收便是合。放即是開。靜則俱靜。靜是合。合中寓開。動則俱動。動是開。開中寓合。觸之則旋轉自如。無不得力。纔能引進落空。四兩撥千斤。平日走架。是知己工夫。一動勢先問自己周身合上數項不合。少有不合。即速改換。走架所以要慢不要快。打手是知人工夫。動靜固是知人。仍是問己。自己安排得好。人一挨我。我不動彼絲毫。趁勢而入。接定彼勁。彼自跌出。如自己有不得力處。便是雙重未化。要於陰陽開合中求之。所謂知己知彼百戰百勝也。

走架打手行工要言①

昔人云，能引進落空，能四兩撥千斤。不能引進落空，不能四兩撥千斤。語甚該②括，初學末由③領悟，予加數語以解之，俾有志斯技者，得所從入，庶日進有功矣。

欲要引進落空，四兩撥千斤，先要知己知彼。欲要知已知彼，先要捨己從人。欲要捨己從人，先要得機得勢。欲要得機得勢，先要周身一家。欲要周身一家，先要周身無有缺陷。欲要周身無有缺陷，先要神氣鼓蕩。欲要神氣鼓蕩，先要提起精神，神不外散。欲要神不外散，先要神氣收斂入骨。要欲⑤要神氣收斂入骨，先要兩股前節有力，兩肩鬆開，氣向下沈，劤起於腳、根，變換在腿，含蓄在胸，運動在兩肩，主宰在腰，上於兩膊相繫，下於兩腿相隨。劤由內換，收便是合，放即是開。靜則俱靜，靜是合，合中寓開。

動則俱動，動是開，開中寓合。觸之則旋轉自如，無不得力，才能引進落空，四兩撥千斤。

平日走架，是知己工夫。一動勢，先問自己：周身合上數項不合？少有不合，即速改換。走架所以要慢，不要快。打手是知人工夫。動靜固是知人，仍是問己。自己要安排得好，人一挨我，我不動彼絲毫，趁勢而入，接定彼肋，彼自跌出。如自己有不得力處，便是雙重未化，要於陰陽開合中求之。所謂知己知彼，百戰百勝也。

【注釋】

①走架打手行工要言：啓軒本列入第六章河北永年李亦畬先生著述之二。啓軒本在篇末另附一段文字曰：「胞弟啓軒嘗以球譬之，如置球於平坦，人莫可攀躋。強臨其上，向前用力後跌，向後用力前跌。譬喻甚明。細揣其理，非捨己從人，一身一家之明證乎？得此一譬，引進落空，四兩撥千斤之理，可盡人而明矣。」

②該：備也，咸也，兼也，皆也。通賅。

③末由：末，沒有。由，遵循。意指無方可遵，無章可循。《論語・子罕》云：「雖欲從之，末由也已。」

④己：本節中「己」字，原文皆誤作「已」。

⑤要欲：「欲」字前衍「要」字。

附錄一

各勢白話歌①

提頂吊膾心中懸，鬆肩沉肘氣丹田。
裹襠護肫須下勢，涵胸拔背落自然。
初勢左右懶紮衣，雙手推出拉單鞭。
提手上勢望空看，白鵝亮翅飛上天。
摟膝拗步往前打，手揮琵琶躲旁邊。
摟膝拗步重下勢，手揮琵琶又一番。

上步先打迎面掌，搬攔捶兒打胸前。
如封似閉往前按，抽身抱虎去推山。
回身拉成單鞭勢，肘底看捶打腰間。
倒輦猴兒重四勢，白鵝亮翅到雲端。
摟膝拗步須下勢，收身琵琶在胸前。
按勢翻身三甬背，扭頸回頭拉單鞭。
紜手三下高探馬，左右起腳誰敢攔。
轉身一腳栽捶打，翻身二起踢破天。
披身退步伏虎勢，踢腳轉身緊相連。
蹬腳上步搬攔打，如封似閉手向前。
抱虎推山重下勢，回頭再拉斜單鞭。
野馬分鬃往前進，懶紮衣服果然鮮。
回身又把單鞭拉，玉女穿梭四角全。

更拉單鞭眞巧妙，紜手下勢探清泉。
更雞獨立分左右，倒輦猴兒又一番。
白鵝亮翅把身長，摟膝前手在下邊。
按勢青龍重出水，轉身復又拉單鞭。
紜手高探對心掌，十字擺連往後翻。
指襠捶兒向下打，懶紮衣服緊相連。
再拉單鞭重下勢，上步就排七星拳。
收身退步拉跨虎，轉腳去打雙擺蓮。
海底撈月須下勢，彎弓射虎項朝前。
懷抱雙捶誰敢進，走遍天下無人攔。
歌兮歌兮六十句，不遇知己莫輕傳。

【注釋】

①各勢白話歌：此訣郝和本不載，啓軒本列入第四章歌訣之一。唐豪認為此歌或即李啓軒寫作。顧留馨附考：「據《各勢白話歌》，可知武式太極拳原來也有高躍動作，並且動作有起有伏，架式也低。「翻身二起踢破天」「白鵝亮翅把身長」「摟膝拗步重下勢」等句可證。武式到三傳的郝月如，刪去了跳躍動作，架式純為高架子，顯為適應年老體弱者而作的改革。」

四字秘訣①

敷：敷者，運氣於己身，敷布彼勁之上，使不得動也。

蓋：蓋者，以氣蓋彼來處也。

對：對者，以氣對彼來處，認定準頭而去也。

吞：吞者，以氣全吞，而入於化也。

此四字無形無聲，非懂勁後，練到極精地位者，不能知。全是以氣言②，能直養其氣而無害，始能施於四體，四體不言而喻矣。

【注釋】

①四字秘訣：此訣郝和本不載。啓軒本列入第五章河北永年武禹襄先生著述之三。一九六四年三月，顧留馨出版《太極拳研究》，整理唐豪考釋之廉讓堂本《太極拳譜》時，附考曰：「《四字秘訣》拳理高妙，境界在亦畬《撒放秘訣》之上。亦畬於一八八一年寫給郝和的《太極拳譜》，備載禹襄拳論。禹襄卒於一八八〇年，武李亦姻親而誼屬師生，同居一鄉，此訣若為禹襄所作，絕無不收之理，故此訣當非禹襄作品。」同年七月，得姚繼祖寫信給顧留馨，函稱：「本人學於李亦畬老先生次子遜子（名寶驤），得見老三本李氏自存本，該譜第十七頁（《打手要言》之後）後載有此訣，標題為：『禹襄母舅太極拳四字不傳秘訣』。該譜正文前有題記：『此卷予手訂三本，啓軒弟一本，給友人郝和一本，此本係予自藏。前數條諸公講論精細，殆無餘蘊，後又參以鄙見，反覆說來，惟恐講之不明，言之不盡。然非口授入門，雖終日誦之，不能有裨益也。光緒辛巳年亦畬氏手訂』」，並將該秘訣攝影示證，顧留馨始信該訣確為禹襄所作，並悟出寫貽郝和本中

不列該訣，在「給友人郝和一本」一語中透露，「不傳秘訣」是不透露給「朋友」的雲，頗多感慨；還補充說，「文化大革命」中，姚先生所藏本已不知下落。

②練到極精地位者……全是以氣言：此數句李亦畬自藏本有傳統句讀。顧留馨先生在一九八二年出版的《太極拳術》中，以今人語境，將此標點誤作為：「不能知全。是以氣言」。

題記①

此卷予手訂三本，啓軒弟一本，給友人郝和②一本，此本係予自藏。前數條諸公講論精細，殆無餘蘊，後又參以鄙見，反覆說來，惟恐講之不明，言之不盡。然非口授入門，雖終日誦之，不能有裨益也。

光緒辛巳年③亦畬氏手訂

【注釋】

①題記：此題記郝和本、啓軒本皆不載。

據姚繼祖先生致顧留馨函稱：「此題記從李亦畬次子李遜之處得見於李亦畬自藏本，此為拳譜正文前的題記。」李亦畬自藏本文稿尚未公開，載此，以備核考。顧留馨稱，「文化大革命」中，姚先生所藏李亦畬自藏本已不知下落。

二〇一四年十～十一月間，中央電視臺《尋寶》節目，「走進河北永年」，老三本中最為神秘的李亦畬自藏本展露了廬山眞面目，還榮獲永年的民間國寶證書。希望有朝一日，能拭目過眼此譜尊榮，做眼皮供養也可。

②郝和：從李亦畬習太極拳藝。李亦畬年長郝和十七歲，又是郝和太極拳藝的授業師，他將珍貴的拳譜，手訂三本，贈予其一，師徒情誼，顯而易見。而其在自藏本裡，將郝和稱謂成友人，而非門徒之屬，其謙虛儒雅，亦人之難能。

③光緒辛巳年：即西元一八八一年。

太極拳譜跋①

此譜得於舞陽縣鹽店，兼積諸家講論，並參鄙見，有者甚屬寥寥。間有一二有者，亦非全本，自宜重而珍之，切勿輕以予人。非私也，知音者少，可予者，其人更不多也。慎之慎之。

光緒辛巳②中秋念三日亦畬氏書

【注釋】

①太極拳譜跋：此題記郝和本、啓軒本皆不載。姚繼祖先生從李亦畬次子李遜之處得見李亦畬自藏本，稱此為拳譜正文後的題跋。

二水按：據徐哲東得見郝月如家藏的迻錄本，較郝和珍藏本多四篇，即「十三刀」

「十三槍」「太極拳白話歌」及李亦畬的「太極拳譜跋」。「十三刀」「十三槍」「太極拳白話歌」三篇，也見諸啓軒本，唯「太極拳譜跋」，不見諸啓軒藏本，不見諸郝和珍藏本，而僅見於李亦畬自藏本。自藏本尚未公開，未能核考，存疑之。

徐哲東從郝月如迻錄本抄錄此跋，唐豪《行健齋隨筆》之李亦畬「太極拳譜跋」一節，從徐哲東未刊行稿件中也錄得此跋，唐豪附記曰：「亦畬手寫譜，見存太極拳家郝少如處，徐哲東已錄入其行將出版之《太極拳考信錄》中。」

沈壽輯錄《太極拳譜》編入卷十四太極拳譜序跋等文獻，題作「王宗岳太極拳譜跋」。校記曰：「郝少如是郝和之孫，其生前所存『郝本』，即李亦畬題記中所說的『給友人郝和一本』」。

誠然，唐豪「亦畬手寫譜，見存太極拳家郝少如處，徐哲東已錄入其行將出版之《太極拳考信錄》中」，無差錯，沈壽「郝少如是郝和之孫，其生前所存『郝本』，即李亦畬題記中所說的『給友人郝和一本』」，也無差錯。但兩個前提，並列一處，這種大小前提的推斷，往往讓人誤解作此跋見諸郝和珍藏本。但是，此跋獨不見諸郝和珍藏本中。

②光緒辛巳：即西元一八八一年。顧留馨《太極拳術》本誤作「辛己」。

敷字訣解①

敷，所謂一言以蔽之也。人有不習此技，而獲聞此訣者，無心而白②於餘，始而不解，及詳味之，乃知敷者，包獲周匝③。人不知我，我獨知人。氣雖尚在自己骨，而意恰在彼皮裡膜④外之間，所謂氣未到，而意已吞也。妙絕妙絕。

【注釋】

①敷字訣解：郝和本不載。啓軒本列入第七章河北永年李啓軒先生著述。

②白：說白，不加修飾的闡述觀點。

③周匝：環繞，圍繞。《京氏易傳》卷上：「中孚，陰陽變動，六位周匝，反及遊魂之卦。」

④膜：肉間脈膜也。

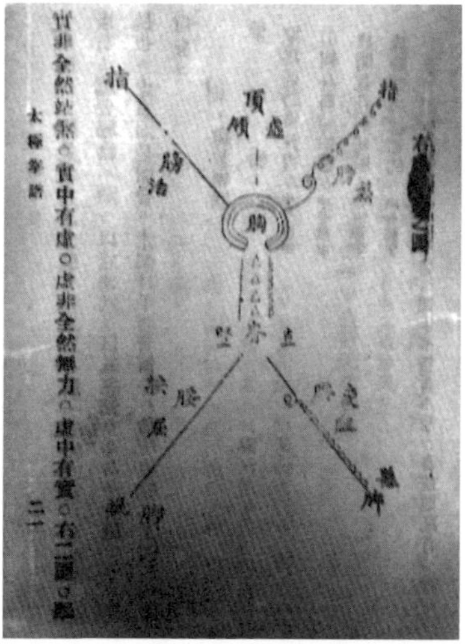

圖一

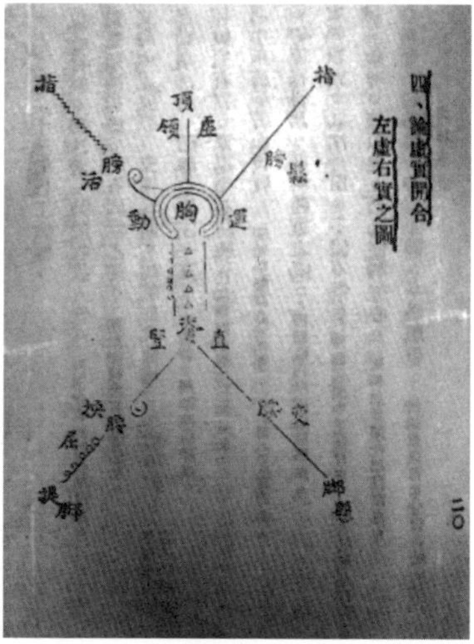

圖二

論虛實開合

二水按：本書郝和本不載。馬印書本，也將此列入李亦畬著作內。唐豪注曰：「馬印書為亦畬姨甥，生於一八六六年（同治五年丙寅），親見親聞，為亦畬作無疑。」啓軒本列入第六章河北永年李亦畬先生著述之四，題為論虛實開合。繪圖二。一為左虛右實之圖，二為右虛左實之圖（圖一、圖二）。有文字曰：

實非全然站煞，實中有虛，虛非全

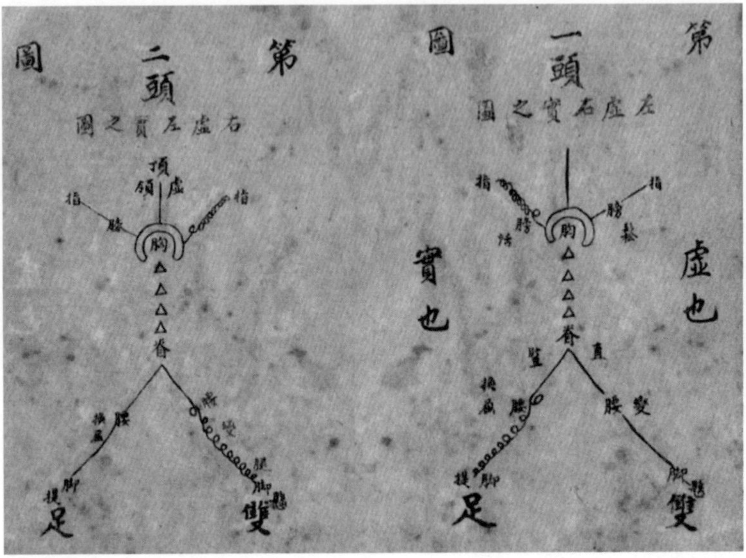

圖三

然無力，虛中有實。右二圖，舉一身而言，雖是虛實之大概，究之周身，無一處無虛實，又離不得此虛實。總要聯絡不斷，以意使氣，以氣運動①，非身子亂挪，手足亂換也。虛實即是開合，走架打手，著著留心，愈練愈精，工彌久技彌尚矣。

二水按：另有彭仁軒《太極拳詳解》（民國二十二年十二月刊行）第八章第一節，題名虛實開合論，附圖（圖三）。文字曰：

實非全然站煞，實中有虛；虛非全不着力②，虛中有實。後二圖舉一身而言，雖是虛實之大概，究之周身無一寸虛實③，又離不得此虛實。總要聯絡不斷，以意使氣，以氣運勁④，非身子亂挪，手足亂換也。虛實即是開合，走架打手，着着⑤留心，愈練愈精，工彌久技彌尚矣。

【注釋】

①運動：內運與外動的合稱。彭仁軒《太極拳詳解》本載此圖，改作「運勁」。戴震曰：「氣運而形不動者，卉木是也，凡有血氣者，皆形能動者也。」意思是說，像草木一般，外形不見其動，內在從養分供給，乃至開花結果、茁壯成長，無時無刻不在生機運化的，謂之運。人體的臟腑器官也是如此，醫學上稱之為屬植物性神經調控的器官。人與動物，具有血氣的，形體上能接受大腦指令，肢體百骸能隨之發生的變化，謂之動。醫學上稱之為屬於動物性神經調控的器官。此圖凹陷的胸部俯視截面圖，一旁的「運動」兩字，揭示了太極拳作為內功拳，要求以胸腹的形動來帶動臟腑器官的氣運的要義。

②全不着力：啓軒本作「全然無力」。

③無一寸虛實：啓軒本作「無一處無虛實」，蓋傳抄訛傳之誤。

④運勁：啓軒本作「運動」。改「動」為「勁」，一字之差，貌似合理，卻缺失了圖中胸腹處的外動內運奧義。

⑤着：啓軒本作「著」。著，通「着」。

附錄二

吳深根代抄楊健侯①老先生授贈《太極拳譜》

（封面）吳深根②代抄楊健侯老先生授贈《太極拳譜》

葉祖羲③印

此本於余卅歲④寓杭州時從北京田紹軒⑤老師處抄來，源自永年楊家所授之本

葉大密志一九六一年七月十八日於滬時年七十有四

（封面內頁）此本係吳深根抄我，署簽印章爲原名⑥

【注釋】

①楊健侯（一八三九—一九一七年）：名鑒，字健侯，號鏡湖，河北永年人，楊露禪之三子，人呼老三先生。性情溫和，德高望重。子兆熊、兆元、兆清及許禹生等得其傳。兆清，字澄甫，人稱「三先生」。早年拜入楊澄甫門下的張欽霖、田兆麟、牛春明等，都得其拳藝。

②吳深根：生卒不詳，浙江軍政府職員。一九一七年，田兆麟南下杭州授拳，吳深根與葉大密等同學於田兆麟。

③葉祖義：葉大密（一八八八—一九七三年），曾用名祖義，又名百齡，號柔克齋主，文成人。宣統元年（一九〇九年）六月，畢業於江北陸軍速成學堂。一九一七年，在浙軍第二師第八團團部任職時，從田兆麟老師習練楊式中架太極拳。次年孫存周先生來杭，與孫結為金蘭交，並得到孫祿堂老先生的口授身傳。

一九二六年十一月，在上海法租界望志路創辦「武當太極拳社」，是史上第一家以「太極拳」命名的團體。一九二七年十一月，李景林老師來滬，拜入李門第習練武當對劍。濮秋丞及子女濮冰如、濮偉、張叔和眷屬、季融五、鄭曼青、黃景華、查瑞龍、胡厥文、蔣錫榮、金仁霖、曹樹偉等從其學拳。

④卅歲：三十歲。葉大密，一八八八年生人，南人習俗計虛歲，推知此年即一九一七年。時年正值田兆麟南來杭州授拳。

⑤田紹軒：田兆麟（一八九一——一九五九年），字紹先，楊家賜名「紹軒」，滿族，北京人。幼孤，家貧，一九〇四年投寄楊家做楊少侯童僕，並隨少侯學拳，因少侯脾氣急躁，課訓生徒極為嚴厲，常遭責罰。楊健侯見了憐之，遂收為貼身書僮並親授其拳藝。在楊家僕居三年後，每逢楊家有客登門切磋武藝，楊健侯總喜歡先讓他出面代為應酬，從未有失，由此博得楊家接客先生之美譽。

一九一七年，受楊健侯臨終所托，應許炳堃之邀來杭州授拳。許炳堃係前清內閣中書，民初任浙江省民政部實業科長，創立浙江省公立工業專門學校。田來杭初期，即在此校傳授太極拳。之後還相繼受聘於浙江軍政府、浙江省警官學校、浙江師範學校、北伐軍浙江第二十五軍第二師第八團團部等處授拳，開創了近代太極拳南傳的歷史。林鏡平、葉大密、黃元秀、施調梅、董柏臣、鄭佐平、沈爾喬、錢西樵、蔡翼中等都是田老師此期的學員。抗戰爆發後，舉家遷居上海。金明淵、龔錫源、沈容培、王金聲、吳蔭章、騰克勤、陳炎林等從其學。田兆麟不通文墨，他深得楊健侯寵愛，藏有多部楊健侯贈予之太極拳譜。

⑥葉大密老師有在封面內頁強調，這本拳譜是吳深根手抄後贈予他的，封面上加蓋的「葉祖義印」，葉祖義是他原來的曾用名。

太極拳論①

一舉動，周身俱要輕靈，猶②須貫串③。氣宜鼓蕩，神宜內斂④。無使有缺陷處⑤，無使有凹凸處，無使有斷續處。

【注釋】

①太極拳論：此節冀潤田本無標題。楊本題作「太極拳論」，而將王宗岳的「太極拳論」，題作「王宗岳太極拳論」，許禹生本作「太極拳經」。郝和本作「又曰」，啓軒本另題「十三勢說略」。

二水按：武禹襄得諸舞陽鹽店的王宗岳太極拳譜，是在楊家拳學者諸多太極拳論著中，最早刊行流傳於外的。徐哲東《太極拳考信錄》有云：「按楊氏本流傳於外最早，今書肆中各種太極拳譜，大多出於楊氏。」李亦畬得諸武禹襄本後，「兼積諸家講論，並參鄙見」，手抄諸本，其最早刊行於世的，是一九三三年由李福蔭在「十三中學」編排的油印本《廉讓堂太極拳譜》，以及次年山西太原刊印《李氏太極拳譜》。

其時，楊家的各類本子，已經風靡一時了。如民國元年（一九一一年），關百益油印刊行了《太極拳經》；民國二年（一九一二年）陳秀峰石印了《太極拳眞譜》；民國七年（一九一八年）三月一日，京師體育研究社創刊的《體育》（嚴修題字）季刊第一期起，許禹生連載了《太極拳經詳注》；民國乙丑（一九二五年），陳微明《太極拳術》出版發行等，都已逐漸公開了王宗岳《太極拳論》及武禹襄等諸家講論的內容。

徐哲東認為，這是因為「露禪與武禹襄同為永年人，禹襄與兄秋瀛及酌堂（又字蘭畹）皆好武技，露禪歸自陳家溝，雖身懷絕技，以單門寒族，不為鄉里所重，武氏兄弟慕其技之精妙，皆折節與交……露禪往北京授技，猶藉酌堂之薦引……楊武既相契好，陳溝又無此譜，則楊氏別無來源，其譜取諸武氏，亦絕無疑義。」所以，細校流傳於外楊家諸本與李亦畬抄本之間的異同，相互會參，方可綜核得當。

徐哲東先生以龔潤田為母本，來校核楊家他本，其理由是，一方面龔潤田係劉德寬弟子，劉德寬太極源出楊家，其譜能溯楊健侯舊譜；其二，龔潤田係一質直無文之人，正唯其質直無文，故不致臆改舊本。

此次校釋楊家藏本，二水以吳深根代抄本為母本，原因一方面也是因為田兆麟老師質樸而不通文墨；另一方面，田兆麟老師一九一七年就受楊健侯臨終所托，南下授拳，他的藏本絕無文人拳家竄益臆改的可能。以田兆麟藏本，再會參龔潤田本及他本，更能還原武禹襄贈貽給楊家後最為眞實的拳譜面目。

②猶：陳微明本作「尤」。

③一舉動……猶須貫串：郝和本、啓軒本「每一動，惟手先著力，隨即鬆開，猶須貫串，不外起承轉合。始而意動，既而勁動，轉接要一線串成」三十九字，此本及楊家諸本皆作「一舉動，周身俱要輕靈，猶須貫串」十三字。

二水按：兩節文字，辭意相通，楊本文辭簡潔，立意高遠，以「輕靈」統領推手要旨，雖也隱藏了武李本意勁上的起承轉合，缺失了習練推手初期的技術要領。但從「着力—鬆開」「意動—勁動」發展到「輕靈」「貫串」，周身有了一個質的飛躍。

這一舉動，旨在將「輕靈」作為運動綱領。力矯粘滯於空境，將太極拳推向了「機趣活潑」的境界。輕靈，不只是對步法的要求，也不只是對身法的要求。上下相隨，左右相連，全身便完整一氣，了無掛礙。

不留駐於聖境，不粘滯於悟境，而要從聖境、悟境裡超越出來，展開表象界的種種動象，生發出鮮活流轉、任運隨緣的天機活趣；著眼於鮮活永動的韻味，知空而不住，從空靈中折回，將一己之我轉化為宇宙之我，視「滿目青山起白雲」為家風，隨緣任運，灑脫無拘，使個體與宇宙合而為一，時間與空間鑄成一體，漸臻眞美，無拘無束，所謂「天人合一」者也。「一舉動，周身俱要輕靈，尤須貫串」，便具有「來時無一物，去亦任從伊」的從容自在。彌漫著灑脫無拘的個性，高蹈著自由駿發的意志。鏡湖老先生（楊健侯）云：「輕則靈，靈則動，動則變，變則化！」此則，從根本上確立了「輕靈」作為楊式太極拳的運動總綱。

④斂：龔潤田本作「練」。

⑤無使有缺陷處：陳微明本、龔潤田本都脫此句。

其根在①腳，發於腿，主宰於腰，形②於手指。由腳而腿而腰，總須完整一氣。向前後退，乃得機得勢。有不得機不得勢處③，身便散亂④，其病必⑤於腰腿求之。上下前後左右皆然。

【注釋】

①在：龔潤田本此處衍「於」字。
②形：龔潤田本誤作「行」。
③有不得機不得勢處：郝和本作「有不得機勢處」。
④身便散亂：郝和等武李本此句後，尚有「必至偏倚」句，此本及楊本都脫此句。
⑤必：龔潤田本誤作「在」。

凡此皆是意，不在①外面。有上即有下，有前即有後，有左即有右。如意要向上，即寓下意。若將物掀起②而加以挫之之意③，斯其根自斷，乃壞之速而無疑。

虛實宜分淸楚，一處自有一處虛實，處處總此④一虛實⑤。周身節節貫串，無令絲毫間斷耳。

【注釋】

①在：郝和本作「是」。

②將物掀起：郝和等武李本皆作「物將掀起」，楊本改此。

二水按：「物將掀起」的物，泛指與「我」相對的一切人事、物事，未必僅指今人概念中的物體之物。

曾國藩云：「物者何？即所謂本末之物也。身、心、意、知、家、國、天下，皆物也。天地萬物，皆物也。日用常行之事，皆物也。」而「將物掀起」的物，顯然只是侷限於今人語境下的「物體」，文辭雖合乎今人口吻，卻缺失了更多的、深層的含義。但楊本改「物將掀起」為「將物掀起」後，在拳藝上的理解，也更接近今人的語境。

家師慰蒼先生曾作《楊氏太極拳學者修改太極拳經典著作的例證》一文時說：「從文言文法上講，這一段中『如意要向上，即寓下意』句，是承應上句『有上即有下』，而做了一般文字上的說明，然後接下來再舉『若將物掀起，而加以挫之之意，斯其根自斷，乃壞之速而無疑』，這個日常生活中既簡單又具體的例子來作為補充說明的……以我們低水準的理解，這一段講的正是《打手歌》最後一句『沾粘連隨不丟頂』中的第一個字『沾』

字。根據楊氏老拳譜『沾粘連隨』節中，對『沾』字的解釋是『沾者，提上拔高之謂也』，則可以知道，『沾』是向上向高處的引進，也就是李亦畬《撒放秘訣》中『擎起彼身借彼力』的『擎』字。」

③意：郝和等武李本作「力」。

二水按：楊本在改「物將掀起」為「將物掀起」後，為了更能表述「輕靈」之要，於是將郝和等武李本中的「挫之力」，改作了「挫之意」。

家師慰蒼先生在上文後進一步闡述說：「可得注意，李氏已將『擎』字說得清清楚楚，是要借用對方的反作用力的。為了防止對『擎』的誤解，李氏在後面的小注中又特為注了『中有靈字』，說明了在使用『擎』字時要輕靈，絕不是憑著力氣大來蠻幹一下，就算是符合了的。」

④處處總此：此本脫此四字，蓋傳抄脫誤。據他本補上。

⑤虛實：龔潤田本此處衍「也」字。

山右①王宗岳先生太極拳論（一名長拳，一名十三勢②）

太極者，無極而生，動靜之機③，陰陽之母也。動之則分，靜之則合。無過不及，隨屈④就伸。人剛我柔謂之走，我順人背謂之粘⑤，動急則急應，動緩則緩隨，雖變化萬端，而理皆一貫⑥。由着⑦熟而漸能懂勁，由懂勁而階級⑧神明，然非用力之久，不能豁然貫通焉。

【注釋】

①山右：此本作「山左」，諸本皆作「山右」，當係傳抄之誤。山的西側，謂之山右。山西省，因居太行山之右，故或專指山西省。

②一名長拳，一名十三勢：此注，他本皆在「長拳者」之前，或係傳抄之誤。

③動靜之機：此本與許禹生本、徐致一等吳氏諸本皆竄益此四字，他本皆無。家師慰蒼先生《楊氏太極拳學者修改太極拳經典著作的例證》一文云：增添「動靜之機」四字，

不懂使之和「陰陽之母」四字對仗，成為道道地地的駢體文句，並且也使之和後一句中的「動之則分，靜之則合」起到了承上啓下的照應作用。

④屈：龔潤田本作「曲」。

⑤粘：陳微明本或吳家諸本或作「黏」。

⑥而理皆一貫：郝和本作「而理惟一貫」，龔潤田本作「而理為一貫」，陳微明本作「而惟性為一貫」。

⑦着：郝和本作「著」。

⑧級：當係「及」之誤。龔潤田本「由懂勁而階及神明」句，脫「由懂勁」三字。

虛領頂勁①，氣沉丹田，不偏不倚，忽②隱忽現。左重則右虛，右重則左渺③。仰之則彌高，俯之則彌深。進之則愈長，退之則愈促。一羽不能加，蠅蟲不能落。人不知我，我獨知人。英雄所向無敵，蓋皆④由此而及也。

斯技旁門甚多，雖勢有區別，概不外乎⑤壯欺弱，慢讓快耳。有力打無力，手慢讓手快，是皆⑥先天自然之能，非關學力而有為也。

【注釋】

①虛領頂勁：陳微明本作「虛靈頂勁」。龔潤田本「虛」誤作「須」。
②忽：龔潤田本誤作「勿」。
③渺：吳家諸本或作「虛」，義也通。
④皆：陳微明本脫「皆」字。
⑤概不外乎：郝和本、陳微明本皆無「乎」字，係傳抄衍文。
⑥是皆：龔潤田本誤作「皆是」。

案①四兩撥千斤之句，顯非力勝。觀耄耋能禦眾之形，快何能為在②。立如枰準③，活似車輪。偏沉則隨，雙重則滯。每見數年純功不能運化者，率皆自為人制，雙重之病未悟耳④。欲避此病，須知陰陽。粘即是走，走即是粘。陰不離陽，陽不離陰，陰陽相濟，方為懂勁。懂勁後，愈練愈精，默識揣摩，漸至從心所欲。本是捨己從人，多誤捨近求遠。所謂差之毫釐，謬以千里⑤，學者不可不詳辨焉⑥。

【注釋】

①案：他本皆作「察」，當係傳抄之誤。然「案」字，似也合古人行文習慣，「案」後的四兩撥千斤句，顯然不會是自言自語，自證自引，頗能為張士一提供注腳。張士一認為：打手歌似非王宗岳所著，因其《太極拳論》中有「察四兩撥千斤之句，顯非力勝」，而四兩撥千斤之句，見於《打手歌》，則《打手歌》似為王宗岳以前人所作。

②在：此本衍一「在」字。

③枰準：此本與郝和本皆誤作「枰準」，應為「平準」。

④耳：龔潤田本誤作「雖」。

⑤謬以千里：語出《禮記．經解》：「《易》曰：君子慎始，差若毫釐，謬以千里。」陳微明本與此本皆作「謬以千里」，郝和本及他本皆作「謬之千里」。

⑥學者不可不詳辨焉：此句後郝和本句尾有「是為論」，此本與陳微明本文後另有一段評注，蓋有意修正焉。

此論句句切要，並無一字敷衍陪襯，非有夙慧，不能悟也，先師不肯妄傳，非獨擇人，亦恐枉費功夫耳①。

右②係武當山張三峯老師③遺論，欲天下豪傑延年益壽，不徒作技藝之末也④。

【注釋】

①此論句句切要……枉費功夫耳：郝和本無此評注。陳秀峰《太極拳眞譜》在「是為論」後有「陳秀峰先生曰：句句切要，並無一字敷衍、陪襯，非有夙慧，不能悟也，先師不肯妄傳，非獨擇人，亦恐枉費功夫耳。」

②右：原抄本係直行書寫者，故云。

③老師：龔潤田本作「先師」。

④右係……技藝之末也：郝和等武李本均無此句，此本等楊本，都有之。徐哲東《太極拳譜理董辨偽合編》對於太極拳論後的楊本附注「此論句句切要」「右係武當山張三峯老師遺論」兩條專題辨偽稱：「李亦畬手寫本無之，廉讓堂本亦無，可見

武式譜中，無此附注，其為楊門學人所加無疑。謂太極拳原於張三豐自此始。當李亦畬作太極拳小序時，為光緒辛巳，即光緒七年，猶云，太極拳，不知始自何人，可見始於張三豐之說，其時尚未大行。則此說之起，不過在光緒間也。」

唐豪對此觀點大不以為然，他得馬印書抄本，斷定李亦畬小序初稿年份為同治六年（一八六七年），初稿首句為「太極拳始自宋張三豐」，由此他推定李亦畬、武萊緒、武延緒三人同說始自張三豐，皆聞自武禹襄。楊露禪出身僮僕，無能臆造張三豐。「禹襄廪貢生，博覽書史，若太極拳之附會張三豐，倘若不是出於武禹襄，楊祿禪、李亦畬、武萊緒、武延緒之說豈能盡同」。永年西鄉何營村文生陳秀峰，楊露禪子楊班侯門人，他的太極拳譜全文之首有曰「武當張三豐老師遺論，欲天下豪傑延年養生，不徒作技藝之末也」，唐豪也斷此為武禹襄最初抄贈給楊露禪的拳譜。

二水按：太極拳之於張三豐，就像是木作百工之於魯班，梨園之於唐明皇，典當、卜卦、絲紡、糕作之於關羽關老爺，華夏民族之於炎黃始祖。這是一份文化的積澱與精神慰藉。我們知道河姆渡文明，就已經有了經典的木作構件；遠在唐明皇之前，夏商周時期，我們的舞蹈藝術已經達到非常高的水準；關羽關老爺也未必是典當、卜卦、絲紡、糕作業的創始人；炎黃始祖，未必與我們每個人的基因有關聯性。但是，這一切，不影響我們對於魯班，對於唐明皇，對於關老爺，對於炎黃始祖的精神皈依。

就像是太極拳，雖然我們至今還不清楚，究竟是什麼年代，究竟是誰第一個將一門拳技形式，稱作了太極拳。作為一門精妙的內功拳藝，一定是需要千百年的文化積澱；作為高深的太極理論，也一定是經歷了千百年的文化演進；作為太極拳經典標誌的太極圖，也一定是經歷了千百年中外文化的交融與碰撞。但無論如何，這一切的一切，張三豐之於太極拳，就始終像是一份揮之不去的情結，不是誰想否定就能否定得了，誰想漠視就能漠視得了。

另一方面，究其太極拳的傳承源流，就像是傳統大宗族的續修家譜，顯然，我們只能從自身出發，找父輩，再找祖輩、曾祖輩……一代代溯流而上，追探其本，而不能從炎黃始祖開始，一代代往下順流下來，這樣就會迷失自己的家園。

追溯太極拳的傳承源流也一樣，我們不妨從自身的拳技流派出發，由下而上一輩一輩、一代一代地追尋先祖，而不能一味地好古敏求，貿然地從許宣平或李道子等仙流，一代代地往下找尋自己的身影，這樣一定會迷失自己。

長拳①者，如長江大海，滔滔不絕也②。

十三勢者：掤、攌、擠、按、採、挒、肘、靠，此八卦也，進步、退步、中定、左顧③、右盼④，此五行也。合而言之曰十三勢也⑤。

【注釋】

①長拳：唐豪對於「長拳」兩字耿耿於懷，他又執著於「長拳」的長字，並以此之「長」套山西洪洞之「長」，從此把太極拳的源流與山西洪洞的通背拳產生了瓜葛。

二水按：「太極拳一名長拳」的長拳，就指太極拳本身，而並非另有一套拳架叫作長拳。但自從唐豪糾結於長拳之後，也有拳家從此執迷於長拳，演繹出各不相同的長拳拳套來。

楊家三十二目老拳譜《太極進退不已功》云：「掤進攌退自然理，陰陽水火相既濟。先知四手得來眞，採挒肘靠方可許。四隅從此演出來，十三勢架永無已。所以因之名『長拳』。任君開展與收斂，千萬不可離太極。」

《八五十三勢長拳解》更為直白：「自己用功，一勢一式，用成之後，合之為『長拳』。滔滔不斷，週而復始，所以名『長拳』也。萬不得有一定之架子，恐日久入於滑拳也，又恐入於硬拳也，絕不可失其綿軟。」

②滔滔不絕也：此處龔潤田本脫「也」字。

③左顧：陳微明本作「右顧」。

④右盼：陳微明本作「左盼」。

⑤十三勢也：郝和本無「也」字，或係此本衍文。龔潤田本衍一「者」字。陳微明本無「合而言之曰十三勢也」句。

掤、攌、擠、按，即坎、離、震、兌①，四正②方也。採、挒、肘、靠，即乾、坤、艮、巽③，四斜角也。進、退、顧、盼、定，即金、木、水、火、土④也。

【注釋】

①掤、攌、擠、按，即坎、離、震、兌：此文王八卦，坎北、離南、震東、兌西，表述的是四個正方的方位。

他本皆以文王八卦以序方位，唯獨《康健指南》等吳氏本，皆作：採、挒、擠、按，即乾、坤、坎、離，取法伏義八卦乾南、坤北、坎西、離東。

②四正：龔潤田本脫「正」字。

③採、挒、肘、靠，即乾、坤、艮、巽：文王八卦，乾西北、坤西南、艮東北、巽東南，表述的是四個斜角的方位。

他本皆以文王八卦以序方位，唯獨《康健指南》等吳氏本，皆作：採、挒、肘、靠，即巽、震、兌、艮，取法伏羲八卦巽西南、震東北、兌東南、艮西北。

④金、木、水、火、土：龔潤田本倒作「水火木金土」。

十三勢歌

十三總勢莫輕視，命意源頭在腰際。
變轉虛實須留意，氣遍身軀不少滯①。
靜中觸動動猶靜，因敵變化示②神奇。
勢勢揆心須用意③，得來不覺費工夫。
刻刻留心在腰間，腹內鬆淨④氣騰然。
尾閭中正⑤神貫頂，滿身輕利頂頭懸。

仔細留心向推求，屈伸開合聽自由。
入門引路須口授，工夫無息⑥法自修。
若言體用⑦何爲準，意氣君來骨肉臣⑧。
詳⑨推用意終何在，益壽延年⑩不老春⑪。
歌兮歌兮百四十，字字眞切義⑫無遺。
若不向此推求去，枉費功夫始歎息⑬。

【注釋】

①滯：此本與陳微明本皆作「滯」。

②示：龔潤田本誤作「視」。

③勢勢揆心須用意：郝和本等皆作「勢勢存心揆用意」，此本及陳微明本皆改作此句。《關尹子》六匕曰：目自觀目，無色；耳自聽耳，無聲；舌自嘗舌，無味；心自揆心，無物。「揆心」較「揆用意」更合古人語境。此或係武禹襄抄贈楊氏後，由楊氏學者竄益。

④鬆淨：郝和本作「鬆靜」，此本與陳微明本皆作「鬆淨」。

家師慰蒼先生在《楊氏太極拳學者修改太極拳經典著作的例證》之四曰：「把『靜』改成了『淨』字，從字義上來說它已含有數量上比較少的意思在裡面了。就拿『腹內鬆淨氣騰然』來說吧，唯其是腹內放鬆得乾淨，內氣才有翻騰上升的現象出現，腹內鬆淨得愈乾淨，內氣也就翻騰得愈厲害。但應該指出的是，這種翻騰現象是動的，而不是靜的，靜了是不會有什麼東西可以翻騰的。」

二水按：家師所談及的內氣翻騰現象，其實就是楊家三十二目老拳譜之《太極陰陽顛倒解》所談到的：「譬如水入鼎內，而置火之上，鼎中之水，得火以然之，不但水不能下潤，藉火氣水必有溫時。火雖炎上，得鼎以隔之，是為有極之地，不使炎上之火無止息，亦不使潤下之水永滲漏。此所謂水火既濟之理也。」

徐哲東《太極拳發微》之伏氣，將這層橐籥神息之論談得尤為透徹：「伏氣之法，樞鍵在腰，何以言之？以腰肌之弛張，可使膈膜為升降：腰肌張，則膈膜降，而為吸；腰肌弛，則膈膜升，而為呼。將欲息之出入深細，在膈膜之升降與肺之弛張相應……此和順形氣之法也。惟胸肌與腰肌弛張能相調適，則胸腹之間，一闔一閉，自爾和順……及夫浸習浸和，息之出入，浸斂浸微，遂若外忘其形，而一於氣，內忘其氣，而合於志。」

⑤中正：郝和本作「正中」。

⑥無息：語出《中庸》：「故至誠無息，不息則久，久則徵，徵則悠遠，悠遠則博厚，博厚則高明。」朱熹集注：「既無虛假，自無間斷。」

⑦體用：「體用」一詞作為哲學概念，最早或見諸《荀子．富國》「萬物同宇而異體，無宜而有用」，物各有體，復有其用。《老子》「反者道之動，弱者道之用」，指出道的運動方式和作用方式，太極拳理與道家理論一脈相承，而法、兵諸家或都與老子有淵源。《王弼老子注》「雖貴以無為用，不能舍無以為體也」，講的應該是「道體」與「功用」的關係。體、用二元的對立統一，為後世的理學興起打下了基礎。

唐玄宗《道德眞經疏》「道者德之體，德者道之用」，唐人以「體用」二字為慣語。程朱理學，以「理」為體，以「象」為用。程伊川在《易傳序》中說：「至微者理也，至著者象也。體用一源，顯微無間。」

這在二水看來，類似於現代西方哲學意志與表象的關係。

⑧意氣君來骨肉臣：《論語》顏淵第十二載：「齊景公問政於孔子，孔子對曰：「君，君；臣，臣；父，父；子，子。」公曰：「善哉。信如君不君，臣不臣，父不父，子不子，雖有粟，吾得而食諸？」」此句，以君臣綱常，來表述拳技中意氣與骨肉的關係。武禹襄進一步將此技法，演進為「心為令，氣為旗，神為主帥，身為驅使」。

⑨詳：陳微明本作「想」。

⑩益壽延年：河上公《老子道德經》修觀第五十曰：「修道於身，愛氣養神，益壽延年。其德如是，乃為眞人。」

⑪不老春：酒名，據傳能延壽千年。元．鄭可臣《詠駱駝鳥卵》詩云：「有卵大如甕，中藏不老春。願將千歲壽，醺及海東人」。

⑫義：龔潤田本作「意」。

⑬歎息：龔潤田本作「嘆惜」。

十三勢行功心解①

以心行氣，務令沉著②，乃能收斂入骨③。以氣運身，務令順遂④，乃能便利從心⑤。

精神能⑥提得起，則無遲重之虞（所謂頂頭懸也）。⑦意氣須換得靈，乃有圓活之趣⑧（所謂變轉虛實也⑨）。

【注釋】

①十三勢行功心解：此節，據「打手要言」（即啓軒本的「十三勢行工歌解」）「解曰」「又曰」等改寫。此本及陳微明本收錄此篇，許禹生本不收。

②務令沉著：郝和本作「務沈著」。

③乃能收斂入骨：郝和本此句後，尚有「所謂命意源頭在腰隙也」句，此本及陳微明本脫。

④務令順遂：郝和本作「務順遂」。

⑤乃能便利從心：郝和本此句後，尚有「所謂屈伸開合聽自由也」句，此本及陳微明本脫。

⑥能：郝和本無「能」字。

⑦所謂頂頭懸也：郝和本作「所謂腹內鬆靜氣騰然也」。

⑧趣：陳微明本作「妙」。

⑨所謂變轉虛實也：郝和本作「所謂變轉虛實須留意也」。

發勁須沉着鬆淨，專主一方①，立身須中正安舒，支撐②八面。行氣如九曲珠，無微不到③（氣遍身軀之謂④）。運勁如百練⑤鋼，何堅不摧。形如搏兔之鶻⑥，神如捕鼠之貓⑦。靜如山岳，動似江河⑧。

【注釋】

①專主一方：郝和本此句後，尚有「所謂靜中觸動動猶靜也」句，此本及陳微明本脫。

②支撐：陳微明本作「撐支」。

③無微不到：龔潤田本作「無微不利」。

④氣遍身軀之謂：陳微明本無此六字。郝和本作「所謂氣遍身軀不稍癡也」。

⑤練：蓋「煉」字之誤。

⑥鶻：郝和本也誤作「鵠」。陳微明本作「鶻」。

⑦運勁如百煉鋼……神如捕鼠之貓：郝和本「打手要言」（即啓軒本的「十三勢行工歌解」）不載此四句，郝和本「解曰」中有之。

⑧靜如山岳，動似江河：郝和本「打手要言」不載此句，蓋據「解曰」竄入。

身換，④收即是放，斷即是連⑤。往復須有折疊⑥，進退須有轉換⑦。極柔軟，然後極堅剛。能呼吸，然後能靈活⑧。氣以直養而無害，勁以曲蓄而有餘。⑨心爲令，氣爲旗，腰爲纛⑩。先求開展，後求緊湊，乃可臻縝密也矣⑪。

蓄勁如灣弓①，發勁如放箭②，曲中求直，蓄而後發③。力由脊發，步隨

【注釋】

①灣弓：此本誤作「灣弓」，應為「挽弓」。郝和本作「張弓」。
②蓄勁如灣弓，發勁如放箭：郝和本「打手要言」不載此句，蓋據「解曰」竄入。
③曲中求直，蓄而後發：蓋據「解曰」竄入。
④力由脊發，步隨身換：郝和本「打手要言」不載此句。脊：龔潤田本誤作「肩」。
⑤收即是放，斷即是連：郝和本「打手要言」不載此句，「解曰」作「收即是放，連

而不斷」。陳微明本「收即是放」後，尚有「放即是收」句。

二水按：武禹襄將太極拳譜抄贈楊家之後，楊家的拳學者在拳學實踐中，將「連而不斷」改作「斷即是連」，也是拳理發展進程中一份十分重要的貢獻。

家師慰蒼先生曾說，這是楊家拳學者在結合打手要言後第二個「又曰」中「勁斷意不斷」的基礎上，再根據楊家兩代教拳經驗，總結成「勁斷意不斷，藕斷絲猶連」的意思而改寫的。這一點，在楊家三十二目老拳譜中又有進一步的演進：「勁斷意不斷，意斷神可接」「求其斷接之能，非見隱顯微不可。隱微似斷而未斷，見顯似接而未接。接接斷斷，斷斷接接，其意心身體神氣極於隱顯，又何慮不沾黏連隨哉」。

⑥折疊：郝和本作「摺疊」。

⑦進退須有轉換：郝和本此句後，尚有「所謂因敵變化是神奇也」句。

⑧極柔軟……然後能靈活：郝和本「打手要言」不載此句，「解曰」作：「極柔軟，然後能極堅剛。能粘依，然後能靈活。」龔潤田本「然後極堅剛」句作「然後堅硬」。

二水按：此節，將「能粘依，然後能靈活」改作「能呼吸，然後能靈活」，也是楊家拳學者對太極拳理論界的一份創造性的貢獻。

市井的太極拳界對於呼吸的理解，或往往只是側重口鼻之間的吐納，或動輒濫觴於仙道之流的胎息龜功，而於拳技本身了無補益。楊家拳學者於呼吸與靈活之間的關聯性，其實與李亦畬五字訣中「呼吸通靈，周身罔間……蓋吸，則自然提得起，亦畬得人起；呼，則自然沉得下，亦放得人出」有異曲同工之妙。

家師慰蒼先生曾云：「將『能粘依，然後能靈活』改作『能呼吸，然後能靈活』，表明了修改者對於太極拳實際功夫的體驗，比原作者更加深入了一層。因為，即使是在一般的推手時，僅僅只是在外形肢體上能夠跟隨得上對方，還是不夠的，必須在外形肢體上能夠跟隨得上的同時，還要在內在呼吸上也能夠跟得上對方的呼吸，那才眞正是全面的所謂『完整一氣』，才眞正是裡裡外外的所謂『合住對方』，然後才能既輕鬆而又乾脆地把對方發放出去，更何況，進一步要把它運用到太極散手和太極器械方面去了。」

二水將太極拳理解為「一門調控身心的藝術」，粘依之間，一敷一蓋、一對一吞，透過吸提呼放，掌控自身的拍位，合住對手的節拍，進而去影響或改變對手的節拍，俞虛江《劍經》總訣「知拍任君鬥」，講的就是這層道理。

⑨氣以直養而無害，勁以曲蓄而有餘：郝和本「打手要言」不載此句，蓋據「解曰」竄入。

⑩心為令，氣為旗，腰為纛：郝和本「打手要言」作「心為令，氣主帥，身為驅使。

所謂意氣君來骨肉臣也。」

⑪先求開展，後求緊湊，乃可臻縝密也矣：郝和本不載。

又曰：先在心，後在身，腹鬆氣斂①，神舒體淨②，刻刻存心。切記：一動無有不動，一靜無有不靜③。牽動④往來氣貼背，斂入脊骨⑤。內固精神，外示安逸。邁步如貓行，運勁如抽絲。全身意在精神，不在氣，在氣則滯。有氣者無力，無氣者純剛⑥，氣若⑦車輪，腰如⑧車軸⑨。

又曰⑩：彼不動，己不動，彼微動，己先動。似鬆非鬆，將展未展，勁斷意不斷。

【注釋】

①腹鬆氣斂：郝和本「又曰」作「腹鬆氣斂入骨」。

②淨：郝和本、陳微明本、龔潤田本皆作「靜」。

③一靜無有不靜：郝和本此句後，尚有「視靜猶動，視動猶靜」句，此本及陳微明本

脫之。

④牽動：郝和本作「動牽」。

⑤斂入脊骨：郝和本此句後，尚有「要靜」兩字，此本及陳微明本脫之。

⑥有氣者無力，無力者純剛：此本、陳微明本等所有楊家傳抄本，都作「有氣者無力，無氣者純剛」。此或可證楊家傳抄本，應是據武禹襄最終改定「解曰」之前時的初稿本而抄得。因為武禹襄的「解曰」中，已將「有氣者無力，無氣者純剛」改定為「尚氣者無力，養氣者純剛」。與其他的文化現象一樣，拳論在傳抄過程中，即便訛傳誤植，在拳藝實踐中，或會有別樣的解釋，生發別有一番的新氣象來。後世楊氏諸拳家，對「有氣」「無氣」多有自圓其說的解釋，也難免多故作解人的說辭。

⑦若：陳微明本作「如」。

⑧如：陳微明本作「似」。

⑨車軸：龔潤田本此處衍「之謂也」三字。

⑩又曰：龔潤田本脫此節「又曰」。

打手歌

掤擺擠按須認真，上下相隨人難進，
任他巨力來打偺①，牽動②四兩撥千斤，
引進落空合即出，粘連粘③隨不丟頂。

【注釋】

①偺：同「咱」。此本與龔潤田本皆俗作「偺」，郝和本、陳微明本等皆作「我」。

②牽動：上節「十三勢行工心解」「又曰」中的「牽動往來氣貼背」，郝和藏本作「動牽往來氣貼背」。動牽往來，「動」「牽」兩字各有其義，一牽一動，重在節節對拉拔長。而牽動四兩撥千斤，「牽動」兩字，複合偏義，只合作「牽」字解。

楊澄甫曾說，四兩是繩子，千斤是牛。牛身的繩子，牽在哪裡，腳上還是角上還是鼻孔？這是關鍵；怎麼牽？是順其態勢還是生拉硬扯，講透了順人之勢，借人之力之理。

③粘：此本與龔潤田本皆誤作「粘」，郝和本作「黏」。

嬾①雀尾，擔②鞭，提手上勢，白鶴③晾翅，按④膝拗步，手揮琵琶勢，進步搬攔捶，如封似閉⑤，抱虎歸山，嬾雀尾，肘底看捶，倒攆猴，斜飛勢，提手上勢，白鶴晾翅，按膝拗步，海底針，扇通背⑥，撇身捶，卸步搬攔捶，上勢嬾雀尾，擔鞭，雲手，高探馬，左右翅⑦腳，轉身蹬⑧腳，進步栽捶，翻身撇身捶，翻身起腳⑨，披身剔⑩腳，轉身蹬腳，上步搬攔捶，如封似閉，抱虎歸山，斜擔鞭，野馬分鬃，玉女穿梭，擔鞭，雲手，下勢，金雞獨立，倒攆⑪猴，斜飛勢，提手上勢，白鶴晾翅，按膝拗步，海底針，閃通背⑫，上勢嬾雀尾，擔鞭，雲手，高探馬，十字擺連⑬，按膝指襠捶⑭，上勢嬾雀尾，擔鞭，下勢，上步七星，退步跨虎，轉身擺連，灣弓射虎，上步嬾雀尾，合太極⑮。

太極拳各勢大義終⑯

【注釋】

①㛦：郝和本的懶紥衣，一依戚繼光拳經的名目，傳抄至啓軒本已演變為藍鵲尾，此本作「㛦雀尾」。龔潤田本作「攬雀尾」。後同，不另注。

②擔：龔潤田本作「單」。後同，不另注。

③鶴：郝和本的白鵝晾翅，到了此本及龔潤田本已演變為白鶴晾翅，楊家他本後作「白鶴亮翅」。後同，不另注。

④按：「摟」之誤植。後同，不另注。

⑤如封似閉：龔潤田本作「如風似壁」，蓋循聲附義所致。後同，不另注。

⑥扇通背：「肩通背」之誤植。

二水按：肩、胯，是身軀三大節相互連接的關鍵。倘若將身軀譬喻為電源插座，手足就是四個插頭，而兩肩、兩胯就是插頭與插座是否接通的關鍵。肩背想通，其實就是肩與身軀的斗榫相接。

黃百家「神估通背最為高，斗門深鎖轉（傳）英豪」中的「斗門深鎖」，形象地解釋了兩肩鎖骨對拉拔長後，與肩背所構成的「門閂」。

⑦翅：龔潤田本及楊家他本皆作「左右分腳」。二水按：左右分腳時，兩腳展開，倘有展翅之意，更宜開胯，更宜於舒展肢體。

⑧蹬：龔潤田本誤作「登」。

⑨翻身起腳：龔潤田本作「翻身二起腳」。

二水按：陳家拳技從戚繼光「懸腳虛餌彼輕進，二換腿決不輕饒」的懸腳二換，俗傳為上一步二換跟打、懸腳提耳、二起根子、轉臉二起插腳、二起；到了楊家，俗傳為翻身二起腳，武禹襄、李亦畬時期的武式拳技，依然因循楊家名目，保留有翻身二起。而田兆麟老師的拳技中，顯然已經開始將拳架中明顯與內功拳不相符的二起腳，演進為翻身起腳了。

⑩剔：應為「踢」字之誤。

⑪撵：龔潤田本依然作「輦」字。

⑫閃通背：或「閃身通背」的簡稱。

⑬連：應為「蓮」字之誤。

⑭按膝指襠捶：龔潤田本作「摟膝指」。

⑮合太極：此本與龔潤田本開始，楊家拳技中添加了「合太極」名目，套路名目開始

更趨完善。

⑯太極拳各勢大義終：龔潤田本無此八字，卻將「十三勢行功心解」後第二個「又曰」尾其後，此或誤抄所致。

結論歌①

太極長拳②獨一家，無窮變化洵③非誇，
妙處全憑能借力，當場着意④莫輕拿。
掌拳肘合腕，肩腰胯膝腳，
上下九節�михо⑤，言明須知曉。

【注釋】

①結論歌：龔潤田本不載此歌。
武匯川《太極拳譜》錄在「十三勢行工心解」後面，「楊鏡湖老先生語」後之第一、

第二則「又曰」中，前四句為第一則「又曰」。後四句中，前三句為第二則「又曰」。

施調梅《太極拳譜內外功研幾錄》第四篇「十三勢總歌研幾」之附錄載「太極長拳歌」二章，前四句為其第一章，第二章有六句：「掌拳肘合腕，肩腰胯膝腳，上下九節勁，節節腰中發，順人能得勢，借力不須拿。」

歌訣後復有附注云：「上二首歌訣，為予師田紹先先生傳授，蓋得諸楊家所傳，係讚歎太極拳之精妙，非一般拳腳工夫可與之比倫也。長拳，即十三勢，以其綿連不斷，變化無窮，故曰長拳，惟楊家後亦創造一種長拳，較太極略加三分之一，然仍不出十三勢之變化，其效用在增進學者養氣耐久功夫耳。『能借力，莫輕拿』，乃示人交手所運用之妙訣，學者熟諳此訣，雖遇勁敵，亦足以與之周旋矣。不論練拳推手，宜隨時留意上下九處關節，務求節節鬆開，使內勁得以暢通。當走化之時，能鬆則節節不受牽連。發勁時，節節皆從腰發，完整貫串，一氣到底。換言之，全身如柔條之能屈而能伸，柔中有剛。其交手也，捨己從人，順人之勢，故能得勢。『拿』，指以手握人手臂衣襟之類，此藝高者所不為，與拿勁之『拿』有別。拿勁以氣拿，非用手握也。妙處在能借敵之力，故不須拿也。拿則反被敵借力矣。故兩歌中均特鄭重點明，誠學者不可不留意也。」

二水按：施承志，字無畏，杭州人，一八八丕年生人，晚號調梅居士。原浙江省保安團團長，北伐後任北伐軍浙軍二十五軍二師八團團長。繼朱家驊後，出任浙江省警官學校校長。後任國民政府軍事委員會訓練總監部步兵監少將總監。應他邀請，孫存周於一九一九年來杭州授拳。後邀田兆麟赴浙江省警官學校授拳。師從田兆麟老師學太極拳、從李景林先生學武當對劍。錢大鈞、陳譚祥、王濤聲、沈宗瀚、南懷瑾等從其學。

②長拳：「長拳者，如長江大海，滔滔不絕也」「自己用功，一勢一式，用成之後，合之為長拳。滔滔不斷，週而復始，所以名長拳也」，非另有拳勢套路之謂也。

③洵：通恂。洵足，誠然值得也。《詩經・靜女》云：洵美且異。

④着意：也作「著意」。刻意精心之謂也。《楚辭・九辯》云：「罔流涕以聊慮兮，惟着意而得之」，朱熹集注：「着意，猶言著乎心，言存於心而不釋也。」

⑤觔：通筋。武匯川《太極拳譜》作「勁」。觔節，觔腱骨節處。

二水按：太極拳在觔腱骨節處要求「其根在腳，發於腿，主宰於腰，形於手指。由腳、而腿、而腰，總須完整一氣。」腳、膝、胯、腰、肩、肘、掌、腕、指，每一骨節筋腱處，須得節節貫穿，上下相隨，左右相連。家師甚至將節節貫穿闡述得非常極端，他說每一關節處，「須得節節分散，節節貫穿，節節對拉拔長」。

鄭曼青說：「一夕忽夢，覺兩臂已斷，驚醒試之，恍然悟得鬆境。其兩臂所繫之筋絡，正猶玩具之洋娃娃，手臂關節賴一鬆緊帶之維繫，得以轉捩如意，然其兩臂若不覺已斷，惡得知其鬆也。」道盡了「節節分散，節節貫穿，節節對拉拔長」之意。

約言①

順人之勢，借人之力。

【注釋】

①約言：語出俞大猷《劍經》，問曰：「如何是順人之勢，借人之力？」曰：「明破此，則得其至妙至妙之訣矣。蓋須知他出力在何處，我不於此處與他鬥力，姑且忍之。待他舊力略過，新力未發，然後乘之。所以順人之勢，借人之力也。」

楊鏡湖老先生曰①

輕則靈②，靈②則動，動則變，變則化③。

【注釋】

①楊鏡湖老先生曰：此則，武匯川《太極拳譜》題作楊鏡湖老先生語，錄在「十三勢行工心解」後。

②靈：武匯川《太極拳譜》本誤作「伶」。

③輕則靈……變則化：此節語出《禮記・中庸》：「誠則形，形則著，著則明，明則動，動則變，變則化，唯天下至誠為能化。」

大展好書　好書大展
品嘗好書　冠群可期

大展好書　好書大展
品嘗好書　冠群可期